U0960659

Zai Mang Ye Yao Pei Haizi Dudushu

再忙也要陪孩子读读书

一本好书胜过一百次说教

莫克◆编著

华南理工大学出版社
SOUTH CHINA UNIVERSITY OF TECHNOLOGY PRESS
·广州·

图书在版编目（CIP）数据

再忙也要陪孩子读读书/莫克编著．—广州：华南理工大学出版社，2012．7(2016.10重印)

ISBN 978-7-5623-3697-6

Ⅰ.①再…　Ⅱ.①莫…　Ⅲ.①读书方法-家庭教育　Ⅳ.①G78 ②G792

中国版本图书馆 CIP 数据核字（2012）第 140116 号

再忙也要陪孩子读读书

莫　克　编著

出 版 人：卢家明

出版发行：华南理工大学出版社

（广州五山华南理工大学 17 号楼，邮编 510640）

http://www.scutpress.com.cn　　E-mail: scutc13@scut.edu.cn

营销部电话：020-87113487　87111048（传真）

策划编辑：李良婷

责任编辑：李良婷　孟宪忠

印 刷 者：广州市穗彩印务有限公司

开　　本：787mm×960mm　1/16　印张:14.5　字数:175 千

版　　次：2012 年 7 月第 1 版　2016 年10月第 5 次印刷

定　　价：26.00 元

目录
Contents

忙工作，忙应酬，忙赚钱……很多父母一边喊“忙”，一边抱怨孩子不聪明、难管教。其实有一种可以同时兼顾工作与孩子的方法，那就是陪孩子阅读。阅读是一种润物无声式的教育，它比絮絮叨叨的说教轻松得多、有效得多。掌握了这点，父母教育起孩子来，往往可以事半功倍。

忙碌的父母不一定顾得上孩子的所有成长细节，但早期教育，具有启蒙和奠基的意义，是幼儿智力发展的关键时期，父母即使再忙也不能掉以轻心。在孩子小的时候，培养他们的阅读兴趣，帮他们养成爱阅读的习惯，可以让他们受益终生。

在充满书香的环境中成长，孩子阅读的兴趣和能力自然会得到提前发展。父母除了给孩子多买书籍以外，还要以身作则，放下手机，关掉电视和电脑，陪着他们一起阅读。阅读是“低投入，高回报”的投资，是对孩子最有价值的投资。

六岁以前，孩子的大脑处于高速发育期，其智力的发展可以占到一生的80%。在这个阶段，如果父母能忙里偷闲，放下手里的一点点事，抽出一点点时间，帮孩子养成良好的阅读习惯，那么，在孩子长大后，父母就可以少操很多心。

帮孩子选择图书，需要方法，也需要智慧。父母要根据孩子的年龄阶段、阅读能力、兴趣爱好，为他们选择合适的健康的质量好的图书，千万不能忙中出错。因为，阅读一本不适合的书，比不阅读还要糟糕。

要有效地指导孩子阅读，父母首先得成为一名“儿童阅读专家”。专家是怎样炼成的？判断孩子有没有阅读障碍、分析孩子在不同年龄段的阅读需求、掌握孩子学外语的时机、懂得给孩子阅读图画书……当家长掌握了这些技巧，就可以快速变身为合格的“阅读专家”。

孩子的问题其实是父母的问题，只有认真的父母以及正确的教育方式，才能教出优秀的孩子。现在很多孩子贪玩、不爱读书、阅读能力低下，很大一部分原因是父母没做好。成功的父母，不仅要弄明白“怎么教”孩子，还要弄明白“这么做”的理由。

好的兴趣爱好决定孩子一生，阅读便是其中之一。有人说，阅读好像一扇窗户，通过它，能看到并且认识世界和自身。不同题材的图书，给孩子提供不同的视角，让孩子看到不一样的世界和人生，获得不同的体验和感悟。

一本好书胜过一百次说教

加班、应酬、出差……爸爸们很忙，上班、交际、家务……妈妈们也很忙，于是，我们经常可以看到这样一幕：父母们把玩具、鼠标或iPad等往孩子手中一塞，就各自忙活去了，等到孩子毁坏东西，父母们转头就一顿说教，直说得孩子眼泪汪汪，好不委屈。

随着生活压力的增大，多数现代人都陷进了穷忙时代的怪圈，在“赚钱、赚钱，还是赚钱”的恶性循环中，他们无暇顾及孩子的教育，更不用说陪孩子一起阅读了。即使有父母忙里偷闲，陪孩子读一两本书，但看到孩子心不在焉、东张西望，便会很着急，甚至忍不住发火，对孩子又是一阵责骂。

没时间陪孩子阅读，或陪读方式不恰当，这是目前父母们面临的严峻问题。阅读真的那么重要吗？是的，非常重要！书籍是孩子最好的“老师”，孩子从一本好书中获得的教养，比父母苦口婆心、絮絮叨叨的说教还有效。如果父母从小就培养孩子的阅读兴趣，那么在后面的成长教育中就可以省却很多波折和烦恼。

阅读会让孩子懂得许多人生的道理，他们主动从书中获得的会比父母师长单纯的教导效果更好。书中的故事和知识，将会对孩子人生观、世界观的建立以及未来的发展，产生极其重要的影响，一本书甚至可以改变孩子的一生。而且很多事实也证明，阅读能够培养孩子的注意力、观察力、记忆力、想象力、思维能力等，能极大地促进孩子智力的发展。

阅读是一种培养孩子情操的教育，它会激发孩子的自主想象，从而取代了说教教育。阅读不仅能丰富孩子的知识，还能拓宽他们的视野，让他们学会思考。

正如林肯所说："阅读比起任何其他的行为，都更有力量释放你的潜能。在这个过程中，我们的本性才会得以更好地展现。"

一场精神上的阅读，是多少物质奖励都无法媲美的。孩子的早期阅读，更是后期各种身体锻炼、药膳食疗无法弥补的。看看孩子的眼睛，你会发现，那些从小有好书相伴的孩子，他们的眼神是灵动的，丰富的，专注的，充满好奇的，满含对美好的期盼的。和他们聊聊天，你会发现，他们的语言是生动的，有画面感的，充满趣味的。而那些没有阅读习惯的孩子，他们的眼神是空洞的，顽劣的，缺乏精气神的。他们的语言，则是干涩的，躲闪的，缺乏条理和想象空间的。

孩子的成长离不开图书，图书是孩子最好的礼物。所以父母与其给孩子物质上的财富，倒不如给他们以精神上的财富。

忙碌的父母如何陪孩子读书？这正是本书要回答的问题。本书通过浅显易懂的理论和生动有趣的实例告诉父母：阅读能给孩子带来什么好处、早期阅读应该如何进行、怎样给孩子打造良好的阅读环境、如何培养孩子良好的阅读习惯、怎样为孩子选择图书、如何提高孩子的阅读能力，等等，让父母了解早期阅读的重要性，以及掌握陪孩子阅读的知识和技巧。

年轻的父母们，放下手里没那么十万火急的事情吧，再忙也要每天抽出一点点时间，陪孩子一起读读书！因为这样，才是对孩子未来最好的投资，也是对孩子最有价值的投资。

第一章

再忙也要陪孩子读读书

阅读是人生的航标

忙工作，忙应酬，忙赚钱……很多父母一边喊“忙”，一边抱怨孩子不聪明、难管教。其实有一种可以同时兼顾工作与孩子的方法，那就是陪孩子阅读。阅读是一种润物无声式的教育，它比絮絮叨叨的说教轻松得多、有效得多。掌握了这点，父母教育起孩子来，往往可以事半功倍。

1

经常陪孩子阅读，孩子会更聪明

在我们开始谈阅读之前，先讲一件有趣的事情：

科学家们研究发现，小白鼠体内有一种促进智力发展的基因，一旦剔除了这个基因，老鼠就会变得很笨。但是，如果将这些剔除了基因的老鼠置于刺激丰富的环境，就能比没有置于刺激氛围的正常老鼠聪明很多。之后，他们又分别用不同的小动物做同样的实验，发现结果是一样的。于是科学家们得出了一个推断，智力的发展和遗传有关，但环境的影响可以优化遗传基因的不足。

其实人类也是这样的，长期置身于高质量的学习环境中的人，他们的学习能力和智力一定会比其他人高。这一现象在孩子成年之前尤为突出。

怎样才能营造这种高质量的学习环境？最重要的一点就是读书。

有一项调查发现，相对于只阅读课本的孩子，那些经常看课外书籍的青少年，虽然他们在学校的成绩并不突出，但想象力和创造力却是非常强的。而且由于经常阅读课外书籍，他们了解的事情也会相对多一点，在以后的各项发展中，他们的动手能力和心理承受能力都会比那些死读课本的孩子高一些。

由此可见，阅读对孩子的智力成长是非常重要的，它甚至可以让脑障儿变得聪明起来。美国费城人类潜能开发研究所的多曼博士，他在研究中就遇到了一个叫汤米的儿童。汤米是严重的脑障儿。不过，他的母亲没有因为他是脑障儿而放弃他，而是在他三岁半的时候就教他念书。不久，汤米的阅读能力竟然增加了。到了六岁的时候，他已经能够阅读六年级的书籍了。

脑障儿如果从小读书，也能变聪明，这激起了多曼博士的研究热情。他想看看正常儿如果进行早期阅读会是什么样子。经过长期研究，他发现，幼儿从两岁起就具有一定的阅读能力；幼儿都是很喜欢读书的，也是具有无限学习欲的；对于孩子来说，阅读也可以像玩游戏一样快乐；读书是可以促进脑神经发育的，是能够开发智力的。

那为什么阅读对孩子的智力发展有好处呢？我们先从孩子早期的阅读和智力的发展关系来看吧。

首先，阅读能够满足孩子智力快速发展的需求。日本学术界曾有研究表明：0 ～ 6 岁的孩子，他们的大脑处于高速发育期，其智力的发展可以占到一生的 80%；而 6 ～ 17 岁的孩子则只占 20%。因此，孩子在六岁之前，他们智力的发展速度是最快的。而这段时期，是孩子大脑各区域神经细胞发育的最佳时期，比如听觉、语言、运动等能力都会基本发育完善。

在这段时期，如果父母能够在繁忙的工作中，抽出一些时间，注意培养孩子的早期阅读，使其通过一些图文并茂的视觉材料、变化多端的阅读形式，以及丰富多彩的知识，给孩子的大脑带来一些刺激的话，是能够加快孩子大脑的发育和成熟，并促进孩子的智力发展的。

其次，阅读还能培养孩子的语言能力。我们知道，0 ～ 6 岁是孩子语言发育的敏感期。他们从咿呀学语开始，到可以比较自如地运用语言完整表达自己的想法，都是在入学以前就完成的。在这个重要时期，孩子的大脑如果能受到一定的外界刺激，就能建立起一种稳定的大脑结构，并使语言能力得到极大的促进。而早期阅读就是对孩子大脑进行全面刺激的最佳手段，是提高孩子语言表达能力的最佳方法。

另外，阅读还能够满足孩子的好奇心和求知欲。孩子在六岁之前，对外部世界抱有一种强烈的好奇心，他们对陌生世界的一切事物都充满了探索的激情。

有研究表明：孩子接受的信息越多，他们大脑能够储存的东西也就越多。所以在孩子这段学习的黄金时间里，父母即使再忙碌，也要尽量引导孩子进行早期的阅读，这样的话，除了能够满足他们的求知欲望，还很可能对他们的一生产生重要的影响。可以这么说，阅读就像空气、阳光、食物、朋友一样，能让孩子受益一生。然而，很多年轻的父母们却认为这时的孩子还小，连字都没有认全，怎么能阅读呢？再加上忙于工作，也就错过了孩子阅读的最佳时机。

最后，阅读还能够更好地开发孩子的智力。人类的潜在能力具有特殊的规律：年龄越小，潜能越容易被开发出来；年龄越大，潜能越容易消失。正因为潜能具有这种递减性，所以就要求孩子能够尽早地接受一些新鲜事物，使潜能得到触发。这种接受，除了早期带孩子认知事物之外，在孩子有能力阅读文字的时候，还要通过陪孩子进行阅读来培养孩子的逻辑能力和想象力。

因为孩子在文字阅读时，他们的想象空间是要远远大于图片阅读的。当父母了解了孩子的智力发展特点后，就可以帮助孩子明确阅读与智力的关系，从而认清孩子的阅读欲望，对他们采取相应的阅读教育措施。

由此可见，如果从小给孩子增加文化刺激的话，不但可以弥补他们先天一些智力的不足，还可以使他们变得越来越聪明。

那是不是说六岁以后，孩子的智力发展高峰期就过了，阅读就不起作用了呢？其实也不是的。我们常挂在嘴上的“活到老，学到老”就说明了这个道理。有人曾做过这样一个实验，一些早期没有接受过阅读训练的孩子，最后在接受了阅读训练后，其语言表达能力和反应能力就会比之前强很多。

有个很形象的比喻，说我们的大脑就像一个储存器，当我们阅读的时候，可以扩大大脑在日常生活中所不能掌握的词汇量和信息量。书籍里的一些优美句子，一些实用的生活事例，都会被我们很好地储存下来，当需要使用这些信息时，它们自然而然就从脑海里涌现出来。所以说，那些阅读量比较少的孩子，他们的大脑往往就是一片空白。想想看，脑子里没有储存任何词汇、任何故事，又怎么能说得出来、写得出来呢？

一些学校的老师应该也有同感，那些阅读了大量书籍的孩子，当老师向他们提问时，他们通常能积极地举手发言，并且能够主动思考问题，有时还会发散思维地提出一些疑问。脑子越用越活，就是这个道理。当然，学校那些作文写得好的同学，大多也都是喜欢阅读的孩子。

著名教育家苏霍姆林斯基在《给家长的一百条建议》一书中曾说：“阅读可以使孩子摆脱不良状况，而且，阅读可以发展孩子的智力。‘困难’孩子阅读的东西越多，他的思想就越清楚，他的智力也就越积极。”在他的《给教师的建议》一书中，也曾说道：“缺乏阅读能力，将会阻碍和抑制大脑的极其细微的连接性纤维的可塑性，使它们不能顺利地保证神经元之间的联系。谁不阅读，谁就不善于思考。”

意思是说，对于孩子来说，不管是哪个年龄段，阅读都能让他们变得更聪明，能让他们的思维能力、思考能力变得更强。自然，阅读所带来的强大的自主性和想象空间，在刺激脑部神经，开发脑力心智的同时，还能为他们开启一扇认识世界的心灵之窗。

阅读如此重要，忙碌的父母们在担忧孩子反应迟钝、表达不清楚等种种问题的时候，有没有想过，因为自己忽略了孩子的早期阅读，而错过了他们智力开发的最佳时机？

2

阅读，培养孩子观察力的好时机

达尔文曾说过：“我既没有突出的理解力，也没有过人的机智。只是在觉察那些稍纵即逝的事物并对其进行精细观察的能力上，我可能在中等人之上。”达尔文这里指的能力是观察力。可见，观察力对于成就学业和事业有着极为重要的作用。因此，作为家长，引导孩子通过阅读活动来多观察、勤思考是非常重要的。

在生活中我们很容易发现，孩子通常在面对一些比较感兴趣的、陌生的、新鲜的或者奇特的东西时，才会认真观察。这时候，家长们该做的就是多花一些时间，和他们一起去观察，以此来引导他们，让他们学会观察，并逐渐养成观察的好习惯。

比如说，一些幼小的孩子，开始对一些比较简单的字有了认识。

当他们认识了“人”这个字的时候，在带他们外出时，看到写有“出入请下车”的牌子时，他们会指着那个“入”，高兴地念着“人，人”。遇到这种情况，家长们不要没好气地说“那不是‘人’，那是‘入’”，因为家长的这种纠正方式，很可能打击他们认字的积极性。

这时候，实际上是家长培养孩子观察能力的最好时机。家长可以先表扬他们，给他们一个亲吻，对他们说：“宝贝真乖！会认字了！”接着就温和地告诉他们“人”和“入”不是一个字，并让他们自己找出差异，如果找不到，家长们就要耐心地告诉他们这两个字的区别了。这样，他们也就能敏锐地捕捉文字形象了。这个过程，就是培养观察力的过程。

观察是一种有目的、有组织、有计划、比较持久的知觉。它包含着理解、记忆与思维的先导，是想象、创造的源泉，对孩子的智力发展是十分重要的。可以这么说，孩子的重要智力结构就是观察能力。

如果一个孩子有比较强的观察力，那么他（她）就能在观察的同时获得很多知识。相反，如果观察力比较弱的话，尽管他们瞪大一双眼睛去看，获得的知识也是很有限的。广泛的阅读，能够很好地提高孩子的观察力。因为能否对生活进行细致入微的观察，并从中获取有用的信息，和头脑中有没有储存更多的知识有关。

比如说，当我们让孩子形容一个苹果的时候，有些孩子看到的只是苹果大概的样子，只会说苹果是圆的；有些则不仅能说出苹果是圆的，而且还能说它是光光的。这种观察就更细致了。更有一些孩子会说出苹果和他（她）曾经见到的某样东西一样，比如说很像他（她）玩的一个圆球，还会说出有些苹果是红的，有些是青的，红的甜、青的酸等。

孩子之间的这些差异就是因为孩子观察力不同造成的。观察是知觉的高级形式，观察力强的人不仅能发现事物的多种外表特征，而且还善于发现事物的本质，典型却不太显著的特征。

除此之外，孩子观察力的强弱，还对他们很多方面的能力都有影响。所以要想培养孩子的观察力，就要让他们多看、多认识一些东西，以此在大脑中储存更多的知识，增强他们的观察力。

对于孩子来说，观察是他们认识世界的重要途径。在对书籍的阅读过程中，最主要的、基本的因素就是知觉，也就是与外部世界的直接联系。

我们知道，只有理解了的东西才能有更好的感知。没有相应的知识准备，即使有再明确的观察目的，孩子观察的效果也不一定好。尤其是，一个完全陌生的事物是很难引起孩子强烈的兴趣和积极的思考的。所以对一些比较小的孩子，在他们阅读的时候，我们可以给他们选择一些文字配图的书，让他们通过画面唤醒意识，进而更深刻地了解文字的内容。

这样当他们在别的地方阅读到相同或相似的内容时，就能很快在脑海里浮现出这个物体，也许脑海里浮现出的形象有些模糊，但在他们再看到这个物体的时候，就会加倍地去关注，认真观察，注意到它们所独有的一些特征，直到这个物体清晰地印入脑海里为止。

由此可以说，阅读和观察能力，实际上是一种互相促进、互相循环的关系。

不过，很多孩子在刚开始阅读时还不能够做到看清看懂，不能够对书本中描绘的物体有一个清晰、准确的认识，更谈不上上升到一个理解、领悟的高度。那么，这就需要家长们陪着他们读书，帮他们分析所读到的内容了。那家长们又要如何在孩子阅读中指导他们观察，培养他们的观察能力呢？

首先，父母要帮孩子捕捉兴趣，引导他们去观察，并喜欢上观察。

兴趣是孩子最好的老师。瑞士心理学家皮亚杰认为："兴趣是刺激儿童学习的最好形式"。孩子观察的前提就是"注意"，但由于孩子的注意力很容易分散，通常只会对感兴趣的事物集中注意力，所以对一件事物的观察，也往往是受兴趣支配的。

比如一些年龄较小的孩子，因为他们喜欢观察颜色鲜艳、大而清晰、逼真并熟悉的画面。而稍大一些的孩子则喜欢观察画面丰富、有情节、有挑战的书本。父母要抓住孩子的这个特点。

孩子们都有着强烈的好奇心，当然他们的兴趣也会随着年龄、同伴、环境、突发事件等外界因素的变化而变化。所以只要我们掌握了他们的年龄特点、兴趣特点，把握时机，选择一些比较适合他们观察需求的书本让他们来阅读，孩子们自然会慢慢喜欢上观察的。

其次，在抓住了孩子的兴趣点后，就要明确目的，教会孩子观察了。

观察本身是一种有目的的知觉活动。越小的孩子越喜欢注意一些无关紧要的细节。比如说，图画中原本的内容是喜羊羊大战灰太狼，但幼小的孩子很可能首先注意到的就是背景中一棵树上的小鸟，抑或是草地上有一只毛毛虫，并很兴奋地告诉家长："小鸟，小鸟！""毛毛虫，毛毛虫！"

家长面对这种情况，肯定会觉得哭笑不得吧，因为让他们看的东西，他们看不到，不让他们看的，他们反而注意到了。

为什么会这样呢？原来，幼小的孩子更乐意享受发现的喜悦，而且还希望别人和自己一起分享他们认为有趣的事物。这时候，他们并不太在意图书中的故事是否完整、流畅了。这时，作为父母，就要利用孩子的这些细微观察，引导他们形成初步的观察目的。比如说可以顺着他们的思路，再问他们，小鸟是什么颜色的？嘴巴长成什么样子？或者小鸟在那里干什么？等等。

而对于一些稍大点儿的孩子，随着阅读经验的积累，他们观察的目的性也会日渐突出，他们逐渐学会了围绕故事情节的发展来组织自己的观察。甚至还可以根据文字的提示，观察一些与情节发展有关的图案，并能根据人物的表情、动作来理解故事，发现故事的线索，读出文字以外的一些意趣。

总之，不管孩子们抱着一种什么样的目的来观察，只要他们开始了观察，就应该予以鼓励和肯定，进而引导他们更准确、更持久地观察与思考。

为了让孩子形成观察的好习惯，家长们还可以采用如下方法：

1. 促使孩子养成良好的阅读习惯。

比如说，有的孩子一打开书本，并不会像大人所期盼的那样，从前往后地阅读，而是一会儿翻到中间，一会儿翻到后面，一会儿又翻到中间。如此来来回回地反复翻着，一句都不认真看。

有些家长面对孩子的这种做法，肯定很生气，会采用教训或者责骂的方式，纠正孩子的这种阅读方式，殊不知这种“纠正”，极有可能导致孩子刚刚点燃的阅读兴趣被扼杀于摇篮之中。孩子之所以翻来翻去，是因为他们的思维通常是跳跃性的，常常会呈现出一种无序化的状态。所以家长要做的应该是抓住时机指导孩子有序地进行翻阅图书，而不是责骂。

家长可以先让孩子观察图书的结构，在他们前前后后地翻时，告诉他们哪儿是封面，哪儿是封底。然后告诉他们，一本书是由封面、封底构成的。为了便于孩子们理解，还可以形象地告诉他们：

封面就像前门，封底就像后门，中间内容就像一间屋子一样，装满了东西。当我们阅读一本书的时候，首先就要把前门打开，不打开前门，进不去屋子；进入屋子里后，就要看看里面都有些什么，看完自己感兴趣的东西了，就可以从后门出去了。出去后，肯定要把门关上。如果翻来翻去，没有按顺序进入房间的话，怎么能看清楚屋子里的东西呢？有了这样生动形象的看书过程的比喻，孩子们也就能逐渐改掉乱翻书的毛病了。

其次，家长还可以从页码上告诉孩子，看书的顺序是从数字小的页码往数字大的页码看。如果不按页码看，很多好玩的东西就看不到。慢慢地，他们也就改掉跳页阅读的习惯了。

2. 激起孩子的好奇心。

有些孩子有了一定的识字能力，但看书却很快，囫囵吞枣，一下子就看完了。问他们看到了什么，他们通常也只能说出一个大概。为了让他们能将文字与故事情节很好地结合起来仔细看、仔细观察，父母们可以想办法激起他们的好奇心。

比如在孩子感兴趣的一本书的某个页面，故意将一些比较精彩的画面的文字贴住，当他们看到这一页的时候，因为看不到这些内容，自然也会跳过。但在看到后面时，因为贴住的那些内容他们看不到，和后面的衔接不上，所以他们可能还会倒转回来接着看。为了能搞清楚内容，他们看的时候也就专心多了。不管是文字还是图片，都会更加认真地观察。

同时，对于一些大一点的孩子来说，他们已经具备了一定的识字量，所以在拿到一本书后，会很自然地图文一起看，有时甚至只看文字，而忽略书本中需要他们细细品味的图面环节和细节。

所以家长的这种遮盖法，能够有意识地引导孩子先仔细阅读画面所给予的信息。当大多数孩子对被遮盖的内容怀着好奇心时，他们再看到这些内容就会格外认真和仔细，这样的自主阅读会更有益于孩子观察力和阅读综合能力的提高。

3. 尽量指导孩子将图文和现实生活中看到的事物相结合。

有些孩子看书就是看个热闹，只看大概内容，真正在现实生活中遇到时，又完全忘记了。为了提高孩子对生活的观察能力，家长可以在孩子看书时适当提出一些问题，让他们带着探寻的目的去看书。比如孩子在看《喜羊羊和灰太狼》的图画书时，可以先问他们，羊角是什么样子的，羊的脚印是什么图形的。

这样的问题，可以促使孩子在看书时仔细观察图片。同时，如果父母有时间和条件的话，可以带孩子去看看现实中的羊。在他们看真正的羊时，告诉他们怎么观察，然后说出羊角、羊脚印是什么样的。接着让他们再回过头去看书、看图片。这样慢慢地，孩子可以在图书和现实之间，交互观察，互找答案，在这个观察的不断循环过程中，他们也就会不断进行思考了。

阅读时仔细观察，会让阅读变得有意思；阅读变得有意思了，孩子也就会更加细致地观察事物了。这实际上是个良性循环的过程。

3

想象力是在孩子的阅读中产生的

人的思维和想象力通常都是离不开语言的，因为语言是思维的工具。一个人一旦离开了语言，思维和想象力及其参与的行为也就不存在了。然而，从高层次的思维和想象的发展上来看，对其影响最深的语言是书面语言，因为表义文字本身就能启发人的联想。

当一个汉字出现在我们面前时，我们的脑海深处很快就会浮现与字义相关的情境。加上书面语言的词汇量比口头语言的词汇量要丰富得多，所以书面语言也就更加完整、深刻、贴切。孩子在阅读书面文字时，也就更能细致准确地捕捉到所描述的事物，因而想象力自然也就更加斑斓多彩了。同时，由于书面语言的语法更加规范，句式也很多样，文章结构会随着内容发生着无穷变化，这些对促进孩子的思维、想象力的发展都是有好处的。

更重要的是，孩子在早期识字、提前阅读以后，其所读到的书面语言会通过默读、回忆和思考的方式，转化为无声的内部语言。这样，丰富多彩的内部语言与思维的早期结合，又会把思维和想象力提高到一个新的境界。

这也就是为什么我们从电视或媒体上经常会看到一些早期识字阅读的"神童"。他们也许话都说不清，但却能认识很多字。更有些很早就能说话的，他们可以给父母讲故事，甚至还会经常给父母提问题，答辩能力非常了得。

比如网络上那个特别有名的"演讲小神童"杨心龙，他之所以能用流畅的表达和丰富的语言来演讲，和他从小阅读很多书很有关系。

九岁的杨心龙不仅熟读《史记》，而且还看过雨果和高尔基等很多文学大师的作品。杨心龙的父亲曾说，儿子一直都在坚持阅读，每个月光买书就要花20元，每年订阅报刊就要花580元。正因为丰富的阅读，杨心龙对童话故事、历史事件、人际关系、天文地理、自然现象、人生哲理等都非常了解，所以才使得思维活跃，想象力超群。

孩子都有着丰富的想象力，但可惜的是，像杨心龙这样突出的孩子却很少。杨心龙也许不是“天才”，更不是“小神童”，只是因为一些孩子的想象力没有完全发挥出来，所以才显得杨心龙特别优秀，被人称作“小神童”。

只要能激发潜能，“小神童”原本可以有很多。孩子的想象力和其他能力一样，都是需要培养和训练的。丰富的想象力是通过直接、间接的体验获得的。也就是说，体验越丰富，孩子的想象力也就越丰富，成为“小神童”的几率也就越大。

那么孩子的想象力都表现在哪些方面呢？

在现实生活中，一些年龄比较小的孩子，他们通常喜欢看图画故事书。这些作为文学和视觉艺术的完美结合，展现的艺术和智慧能够极大地激发孩子的想象力，其独特的叙述方式也为孩子的想象力提供了丰富的素材和美丽的平台。但对一些年龄比较大的孩子来说，简单的图画很可能会抑制他们的想象力，相反的，纯文字更能给他们提供想象空间。这也是为什么年龄越大的孩子越喜欢读纯文字的书籍。

下面给大家分析大孩子和小孩子在阅读时想象力有哪些差异，只有了解了孩子的这些不同，家长们才能随着孩子年龄的增长而有针对性地指导他们阅读。

第一，孩子的想象力是随着年龄的增长而有意识地逐渐发展的。

孩子阅读图画故事书的过程，实际上就是一个不断训练其有意想象的过程，也就是说，他们会在头脑中循着文本和图画所提供的信息“有意识”地再现故事情景的过程。

这种想象要紧紧围绕着故事展开，在学前初期，幼儿常常会被自己感兴趣或自己熟悉的但与故事联系不大的细节所吸引，想象也很容易偏离主题。但随着关注水平的提高，他们心理有意识地发展，随着图画故事书阅读经验的丰富，这些孩子的想象也会有意识地逐渐增长起来的。

比如说，一些大点的孩子，一般向家长提出的问题，都是围绕着故事情节的发展而进行的。但一些比较小的孩子，他们提出的问题则很“无厘头”，好像完全与故事本身无关。这都是正常的，家长不用太担心。

第二，孩子想象的内容，也是随着年龄的增长逐渐丰富完善的。

孩子最初的想象常常是不精确的、不完整的，但随着认识水平的提高，其精确性、完整性才逐渐发展起来。比如同一本书，年龄大一点的孩子和年龄小一点的孩子在阅读时，就会有所差别。如果让他们各自根据画面的内容展开想象的话，小一点的孩子一般会停留在画面上有什么人、物，他们在做什么等这些直观的想象上。但大一点的孩子则会想象出画面内容之间甚至之外的一些关系和人物。

例如一本《阿里巴巴和四十大盗》，如果有个页面正好出现了四十大盗，小一点的孩子很可能会在图画上数强盗，因为画面不可能真的画出四十个人来，所以他们会觉得没有四十个大盗，只有十个。但大一点的孩子就能理解后面还有些强盗没有画上，地方不够了等。

再例如在看《卖火柴的小女孩》时，他们看到小女孩拿着火柴在大街上走。小一点的孩子，通常只是按图面上的描述来想象，比如她往前走去哪儿等。但大一点的孩子，他们就会联想到，小女孩的肚子肯定很饿，因为她走路很慢，甚至还会想到，大家都在吃饭，只有她没饭吃等。想着想着，说不定还会流下眼泪来。

第三，孩子再造想象的创造性成分也是随着年龄的增长而逐渐增加的。

孩子阅读图画故事书主要就是运用再造想象。但在复述故事时，他们会把故事轮廓补充完整，甚至还会说出图中没有画出的意思和形象。或者在讲述这个故事的时候，他们会表演出来，将故事中的人物变成角色，使口头上的文字故事情节变成具体的活动戏剧情节，甚至在刻画一个人物形象时，会超出故事角色的发挥，这都可以说具有一定的创造性。

比如说，书上说喜羊羊用炸弹炸了灰太狼，也许书本上只是把炸弹扔出去，但孩子在表演的时候，可能会因为觉得扔炸弹的姿势非常好看，所以特意做出一些动作。这些额外的动作，就属于他们创造性的想象。而这些创造性的想象，很小的孩子是不可能做到的。

我们知道，想象是阅读、写作的翅膀。如果一个人有丰富的想象力，那么他（她）就能合理地、创造性地想象，更好地理解文章的内容，随即写出一篇让人耳目一新的好文章来。

那么，我们如何帮助孩子在平时的阅读中发挥自己的想象力呢？

1. 教他们抓住一些关键的词语展开想象。

在孩子阅读的时候，可以引导他们在看一个故事时，对故事中一些语句的动词做一些联想。比如孩子在看喜羊羊与灰太狼的故事书时，看到“红太狼举起平底锅打向灰太狼”这一句，就可以向孩子提出问题，问他们红太狼是怎么举起平底锅的，让孩子展开想象力。这正是通过“举”字，让孩子展开丰富联想。为了激起他们的兴趣，家长甚至还可以让他们做出各种“举”平底锅的动作。

2. 借助标点展开想象。

孩子在看一本故事书的时候，遇到句子中有省略号或感叹号时，家长也可以给孩子提供展开想象的机会。比如看到类似“最后，王子和公主幸福地生活在一起……”这种句子时，家长就可以问孩子，“王子和公主是怎么幸福生活在一起的呀？”这时候，孩子很可能会说出无数令大人想都想不到的答案。而不管孩子说得多么离奇，家长都要鼓励他们说下去，因为这正是提高他们想象力的好时机。

3. 利用概括性语句进行想象。

比如孩子在看《卖火柴的小女孩》时，会看到这样一句概括性的句子：“她在一座房子的墙角里坐下来，蜷着腿缩成一团。”这个时候，家长就可以让孩子展开想象，让他们想象一个赤着脚的小女孩，在冰天雪地的大年夜里，躲在墙角下，饥寒交迫地缩成一团的样子。然后还可以让他们与自己的幸福生活做对比，这样不仅会让他们对书中的故事记忆深刻，而且还能教会他们珍惜自己的幸福生活。

4. 根据人物的语言、动作、表情等展开想象。

每一本书的每一个人物，都有着其独特性，都有着标志性语言、动作、表情。所以在孩子阅读的时候，尽量让他们在脑海里想象出这个人物。比如孩子们喜欢看的《喜羊羊与灰太狼》中，懒羊羊的语言、动作和表情就极具特点。所以当看到懒羊羊出现的时候，家长就可以问孩子：“懒羊羊现在在做什么呀？他接下来会说什么？”这时候，在孩子的脑海里，很快就会浮现懒羊羊好吃、爱睡觉的形象。至于懒羊羊会说什么话，他们也就能尽情发挥了。

5. 细看插图展开想象。

在孩子还小的时候，看图说话，是我们锻炼孩子想象力的常用方法。比如当看到图书中出现一辆公交车的时候，我们就要启发孩子：“这是一辆什么车呀？”因为平时经常见到公交车，所以他们肯定会脱口而出："公交车"，甚至还会说："是218路公交车！"联想到自己经常坐的公交路线。这时候，家长就可以适时提问："那这车上都有哪些人呢？"孩子就会自然而然联想到，这车上有司机，还有乘客。接着家长还可以问："这车里的乘客都是什么样子呢？"这时候，孩子肯定就会尽情展开想象了，比如有漂亮的姐姐、时髦的阿姨、胖胖的叔叔、和蔼的老爷爷和老奶奶，等等。

这种提问式的启发，可以打开孩子想象的翅膀，对提高他们的想象力很有帮助。

6. 针对课文的结尾展开想象。

每一本书，每一个故事，都会有一个结果。这个结果，也许是孩子想要的，也许是孩子不想要的，所以当孩子看完一本书时会有意犹未尽或小有遗憾的感觉。这时候，家长们就可以让他们展开想象，问他们，他们所希望的结局是什么样子的呢？甚至可以让他们想象出很多个结局来。这个想象结局的过程，就是训练想象力，提高想象力的过程。时间一长，孩子的想象力自然就变得丰富了。

总之，孩子在刚刚开始阅读的时候，家长的引导对孩子想象力的培养，起着至关重要的作用。

4

好的个性离不开阅读

俗话说："家庭是孩子的第一所学校。"孩子的个性、品质及认知能力，基本上都是通过家庭教育获得的。家庭教育的重要性是任何阶段的学校教育都无法取代的。

前段时间最引人争议的“狼爸虎妈”，他们采取“打骂”的方式，对孩子的教育比较极端，而他们对教育孩子是否成功的标准就建立在孩子是否考上名牌大学的前提上。其实，教育是否成功的评判依据应该是孩子是否具有健康的人格、优秀的品质。成功的家庭教育对一个孩子的一生起着非常大的作用。

那什么才是成功的家庭教育呢？是给孩子一个舒适的环境吗？是让他们琴棋书画样样精通吗？当然不是，一些专家学者通过调查发现，成功的家庭教育有很多成功经验，方法各有不同，但有一条却是相同的，那就是阅读。也就是说，良好的家庭教育离不开阅读。

阅读，从广义上来说，是孩子从出生就开始了的。不同的只是阅读的方式和对象罢了。也就是说，阅读几乎伴随着孩子的一生。

我们先从孩子的早期阅读开始说起。

早期阅读能刺激孩子大脑发育，让他们尽早徜徉在知识的海洋中。早期阅读在丰富他们童年生活的同时，还能让他们尽早接触到外面的世界，体会生活的酸甜苦辣。同时，早期阅读在培养孩子健全人格，培养他们正确的人生观、价值观和世界观上，起着引导作用。因为孩子的个性发展和兴趣爱好通常是与小时候所读的书有关的。阅读能让孩子心胸开阔，性格活泼，能更好地促进他们和其他孩子的交流。

那么孩子的早期阅读，在促进他们个性发展方面，有什么具体表现呢？

1. 阅读可以更好地培养他们的注意力。

早期阅读充分利用了孩子的无意注意①，极早地锻炼了他们的有意注意②，使他们的注意力很快发展起来。

一般情况下，经过早期阅读诱导的孩子，基本上个个性格活泼、安静专注。他们通常会对一些故事和儿歌感兴趣，有的孩子在四五岁时，在看一些故事和儿歌时，就能独立阅读一个小时以上。比如一些通过了早期阅读训练的孩子，在一岁多时，家长如果带他们出去，他们可能会指着一些广告牌上的字，让家长告诉他们那念什么。反复多次，他们很可能就记住了，再见到这个字的时候，说不定就会念出来了。这就是早期阅读带给孩子的主动性，有着这种个性的孩子，和父母及外人的互动能力也更强。

更有一些接受过早期阅读的孩子，他们在不停哭闹时，只要家长拿起一本书，说要给他们讲故事，他们很可能就会安静下来，认真地听故事。"看看，我家这孩子，这么小就喜欢看书!"父母看到孩子这样，心里一定美滋滋的吧。当外人夸赞孩子是"天才"的时候，也许只有家长心里清楚，孩子并非"天才"，而是早期阅读的结果。

因此可以说，人生来就有精神生活的需要，识字读书就是满足精神需要和发展注意力的重要途径之一。

2. 阅读能为孩子塑造良好的人生观和价值观打下坚实的基础。

孩子在早期阅读中，接触最多的就是儿童文学了。我们知道，儿童文学作品中出现最多的是一些关于勤劳与懒惰、善良与邪恶、

---

① 无意注意是一种自然而然发生的、不需要作任何意志上的努力的注意。无意注意又称不随意注意，就是我们经常说的不经意。例如大家正在开讨论会，忽然一个人推门进来，大家都不由自主地转过头去看他，这就是无意注意。

② 有意注意是一种有自觉的目的、需要作一定意志上的努力的注意。有意注意又称随意注意，就是我们经常说的在意。例如一个人正在专心看书，听见别人在谈他感兴趣的话题，他的注意就不由自主地转向他们的谈话内容，这就是有意注意。

勇敢与怯懦、创新与保守等方面的动人故事。这些故事展现了“好”与“坏”之间的斗争，通常也以“好人”战胜“坏人”作为故事结局，这就能很好地激发起孩子们高尚的道德情感，使他们的人格得以健全。

我们经常可以看到，一些孩子在阅读时会因为主人公的遭遇，一会儿开心地大笑，一会儿又流泪哭泣。更有一些孩子会不停给父母讲他们从书上看到的英雄人物，甚至模仿英雄人物的形象。

比如说在看到聪明的喜羊羊打败灰太狼时，他们就会欢呼雀跃；要是懒羊羊被灰太狼抓了，他们又会紧张地不停叫着：“喜羊羊快来！快打倒灰太狼!”这时的他们，已经能够区别“正”和“邪”了，而且也会相信，“邪”是不压“正”的。这种思想，正是阅读带给他们的。

当然，早期阅读的最大好处就在于，很早就培养了孩子们自学的能力和习惯。因为世界上任何卓越的人才，没有一个是全靠老师“教”出来的。只有具备自学能力和独立思考能力的孩子，才能主动汲取前人的智慧精华，并加以创新，最后完全变成自己的。

可能有些家长会说，早期阅读对孩子良好个性的发展有好处，那要是错过了早期阅读，是不是阅读就不再对孩子个性产生影响了？当然不是。孩子们在任何时期，只要坚持阅读，气质和人格都能受到影响。

可以这样说，一本好书就是黑夜里的一盏指路明灯，它能照亮孩子们前进的道路，让孩子们少走弯路。一本好书能净化孩子们的心灵，让他们知道什么能做，什么不能做，什么是对的，什么是错的。好的图书对没有多少辨别能力和定力的孩子来说，是非常有好处的。

另外，好图书对孩子良好气质的培养很有帮助。不是有句话叫“腹有诗书气自华”吗？意思是说，一个饱读诗书、学识渊博的人，一定会表现出优雅的举止和风度。不过，从阅读中培养出好的气质，并不是看一两本书就可以做到的，而是要经过长时间的阅读，让好书籍中的知识由外到内地渗透进孩子们的骨子里，让这些知识和思想慢慢影响孩子们的言行举止，进而帮他们形成良好的气质。

有了好的气质，也就有了好的性格，有了好的性格，也就会有好的命运。不是有句话叫“性格决定命运”吗？虽然有“江山易改，本性难易”这句话，但如果真想把一个人的爆脾气、小心眼、自私自利、不懂尊重人等坏毛病改掉，最好的办法之一就是阅读。

“人之气质，由于天生，本难改变，惟读书则可变化气质”。这是晚清曾国藩的一句话。确实是这样，阅读能让心静下来，人一旦静下来，也就变得客观和理性了，自然便有了翩翩风度。清朝学者梁章钜也曾说过：“人无书气，即有粗俗气、市井气，而不可列于士大夫之林。”阅读能开阔人的视野。一个人的心胸要是开阔了，为人处世也就大度冷静多了。思维开放了，也就不会再为鸡毛蒜皮的事大动肝火，所以喜欢阅读的人，通常性格都比较温良敦厚。

孩子们长久接触各类书籍，随着阅读量的增加，眼界自然也就宽了，性格也会变得自信、开朗，所以，阅读对他们的身心是很有帮助的。

原国家教委主任柳斌曾经说过：“一个不重视阅读的学生，是一个没有发展的学生；一个不重视阅读的学校，是一个乏味应试的学校；一个不重视阅读的民族，是一个没有希望的民族。”

当孩子们进行阅读时，便会无意识地将自己的思想和行为与书中所描述的人物形象进行比较，无形中也就提高了自身的思想意识和道德素质，这都有利于培养孩子们良好的个性和思维方式。所以说，一个人的人文素养的优劣、综合素质的高低、个人能力的大小，很大程度上受阅读量多寡的影响。

5

阅读指引孩子健康成长

课外阅读，能够打开孩子们的视野。人类的精神、文化、智慧，都是在阅读中被一代一代传承下来的。我国的应试教育，使许多家长只重视孩子们的教材学习，而忽略了他们的课外阅读。学校现行的一些教材，有许多都是千篇一律的东西，并不能满足孩子们各种各样的兴趣爱好。所以仅靠学好教材，是远远不够的，大量的课外阅读才是孩子们成长所必需的精神食粮。

课外阅读，能够促进孩子想象力与心智的发展。古今中外那些优秀大师们的作品，为孩子的想象插上了翅膀，开拓了他们的视野。比如孩子们在看《皮皮鲁总动员：舒克和贝塔历险记》的时候，既能感受到舒克和贝塔这两只可爱小老鼠之间的友谊，又能跟着他们一起历险。一部作品，就是一部浓缩的人生，是一座语言的宝库。

阅读最能体现孩子的潜质，并强化孩子的潜质。如果孩子在众多的图书中，极其钟情于一类图书时，孩子的特点就显露出来了，而如果没有大量的阅读，孩子的兴趣特点就只是处在混沌未开之中。

如果说教育强调的是“精读”，那么，在家里，孩子需要的应该是“博览”—— 一种保证质量的广泛阅读。让孩子打开书，孩子可能找到一枚打开世界的钥匙！

“人们通过视觉器官认识了语言符号，反映到大脑中转化为概念，许多概念又组成为完整的思想，然后发展成为复杂的思维、联想、评价、想象等。”这是国际阅读协会维也纳研究中心主任查德·巴姆贝尔博士在提到阅读的本质时说的话。

书籍是一种文字符号，它可以不受时间、地点、领域的影响，通过特定文字，为我们很好地刻画出人物形象、内心情感、事物形态，并让我们充分发挥想象力，了解一件事物的本质。阅读的时候，文字符号会渐渐在我们脑海深处留下印迹，需要时，这些文字又会从脑海里蹦出来，为我们所用。所以也便有了阅读是最好的一种投资方式的说法。

既然阅读是一种好的投资方式，对父母来说，越早给孩子进行投资，就能获得越好的收益。孩子们如果能早点接触阅读，那么对开阔他们的视野是很有好处的。

如果一个孩子喜欢读书，那么他（她）的见识就会变得丰富，视野也会变得开阔。因为在书中，他们可以获得很多在日常生活中接触不到的知识。视野开阔了，心胸自然也就开阔了；相反，如果孩子不读书或者读书少，那见识自然就少了，心胸自然也就狭隘了。

一些优秀的作家在谈起他们怎么“扬名天下”的时候，无不例外地回答：“小时候读了很多书。”曾经有人向鲁迅先生请教过他的写作经验，他说：“哪有什么经验，无非就是多看了几本书罢了。”

因此可以说，孩子们在日常学习中，仅靠课本上那些数量有限的文章，根本是无法满足他们的好奇心和求知欲的，更谈不上开阔视野、丰富知识和提升想象力、创造力。

既然阅读能开阔视野，那家长们又要怎么指导孩子们进行课外阅读呢？

首先，看清方向，把握好方向盘。

有人曾做了这样一个比喻，说课外阅读就像驾驶一辆汽车。驾驶汽车就要握好方向盘，看清楚前进的方向，指导孩子课外阅读也是这样的。而课外阅读的方向盘就是书籍的选择。

高尔基曾说："读一本好书，就是和一个高尚的人谈话"。孩子们分辨是非的能力还不够成熟，如果不加选择地乱读书，就如同交上了一个坏朋友，会被引入歧途的；如果没有选择一本好书，也就如同驾车没有把握好方向盘，那车会开向哪里，后果不敢想象。所以家长要为孩子保驾护航，就要掌握好课外阅读的"方向盘"，引导孩子们多读一些好书，多读一些名著。

鲁迅先生曾经告诫少年朋友："只看一个人的著作，结果是不大好的，你就得不到多方面的优点。必须如蜜蜂采蜜一样，采过许多花，这才能酿出蜜来，倘若叮在一处，所得就非常有限了，枯燥了。"这富有哲理的话，也算是对家长为孩子选择课外读物的"金玉良言"。

因此，家长们在指导孩子选择课外读物的时候，内容要广泛，可以涉及儿童生活、历史故事、科学常识等；体裁应该多样，可以是童话、寓言，也可以是小说、诗歌、散文，不拘一格。当然，最重要的还是要思想内容健康，有教育意义。对儿童的思想、品德、智力、情感等方面具有良好影响的文学作品，都可以推荐给孩子阅读，这样孩子才可以博览群书。

对于如何给孩子们选书，后面的章节中会有介绍。在此就不一一细说了。

其次，汽车要按时加油，才能有前进的动力。

孩子们课外阅读也是需要动力的。如果没有了动力，阅读也很难维持较长的时间，而孩子们课外阅读的动力就是兴趣。就是说，为了使孩子们形成持久的阅读习惯，可以帮助他们选择他们最喜欢的阅读模式，不管是采用提问阅读法、重复阅读法、想象阅读法，抑或是角色扮演法等，家长们要尽量挖掘孩子们的阅读兴趣。

最后，肯定是检修。

汽车要经常检查、维修才能保持车况良好，否则很容易有安全隐患，甚至还会产生不堪设想的后果。指导孩子们课外阅读也是需要经常“检修”的，比如要纠正他们不良的阅读习惯和不正确的阅读方法等。

在我们周围，肯定有这样一些孩子，他们读了不少书，但却没有什么效果。这就属于那些没有经常检修的“车”，他们也一直在开“车”，但速度很慢，还不停地出现问题，耽误了行程。

遇到这种问题，家长首先考虑的就是“检修”一下孩子们的读书方法和读书目的。从方法上来说，阅读可以采用精读、略读、背读、抄读、批读，等等。不过，这些方法也是需要因人而异、因书而变的。曾国藩曾指出：“不同之书，区别对待，应读之书宜缓宜熟；应阅之书宜速宜多。阅者如攻城，轻骑剽悍，所向无前。”

孩子在阅读出现迷茫时，家长要指导他们，让他们会阅读，具体方法如下：

首先按顺序粗读一遍，了解大概故事。孩子的理解能力有限，在阅读一篇文章的时候，不一定看懂，这时候就可以教他们先粗读，知道故事大概讲了什么。

接着和孩子一起，把故事的主要部分找出来，让孩子精读。让孩子们了解故事的来龙去脉，并帮助他们学会体会作者的思想。

最后自然是边提问题边阅读。让孩子找出他们不了解或不懂的地方，然后先提出问题，再从文章中找出他们想要的答案。这样不仅可以帮助孩子养成爱问“为什么”的习惯，而且对他们养成“活读书”很有好处。

在和孩子们讨论这些问题时，一定不能急躁，即使孩子们说得不对，也不要责骂他们，可以把自己的感受说出来，然后分析他们的看法，大一点的孩子，还可以让他们写写读书笔记。慢慢地，孩子们就能有序地阅读了。

当家长们在指导孩子进行阅读的时候，如果能让孩子们尽情参与进去，就能更好地激发他们的兴趣，让他们在浩瀚的书海中尽情遨游，帮助他们拓宽眼界，丰富精神生活。

6

提高 EQ，阅读功不可没

美国科学家曾对一部分成功人士做了个调查，发现这些人的成功，80% 靠的是情商，也就是 EQ；20% 靠的是智商，也就是 IQ。由此可以得出一个结论，情商的高低，有时比智商还要重要。

不过，在学校里，各方面的考试，衡量的却是孩子们的智商（IQ）。IQ 衡量我们的知识储量，主要负责我们脑中所拥有的记忆能力、理解能力和思考能力。因此，IQ 不同的人，即使用同样的方法读书，都会有不同的成绩出来。主要原因就是因为他们的记忆能力、理解能力和思考能力有差异。在以应试教育为主的我国，考查的大多都是学生的 IQ。IQ 高的小朋友们，他们的记事、计算、理解能力都很强。大部分 IQ 高的学生，学习成绩都很好，也能顺利考上好的学校。

不过，在现实生活中，与计算能力、理解能力和记忆能力相比，忍耐力、情绪自我控制力和道德心却更重要。如果没有这些能力，即使学习成绩再好，文凭再高，进入社会后，就会很容易变得无所适从，昔日学习上的优等生会变成生活中的劣等生。而上面所指的忍耐力、情绪自我控制力及道德心指的就是一个人的EQ。

情商EQ和智商IQ相比，它被人们发现的时间要晚得多，而且很容易被人忽略。发现EQ的重要性，并提出这个观点的，来源于一个偶然。

1980年，美国神经学者安东尼奥·达马吉欧（Antonio R·Damasio）在帮一位脑癌病患开刀后，发现了这个问题。他在对这位脑癌患者的IQ进行检查中发现，这位病患的IQ很高，记忆力及语言能力都很强，事业非常成功，周围的人都很喜欢和他交往。同时，他还拥有一个幸福美满的家庭。然而，自从他接受完脑癌手术后，虽然IQ还是很高，记忆力和语言能力也很强，但周围的人却开始讨厌他，甚至和他一直很恩爱的妻子也离开了他。

为什么会这样？达马吉欧决心解开这个谜。后来，达马吉欧在检查病患脑部时发现，他的连接思考与感觉的脑神经结合体被损毁了，所以他的同情心和亲和力没有了，他原本热情开朗的个性也变得阴郁起来，整日闷闷不乐。

一句话，他还是那个他，他的IQ还是那么高，但却变得有理性没感性了。也就是说，他成了一个生活中的“聪明笨蛋”。

达马吉欧由此受到启发，提出了“心物一元”的概念。意思是说，一个人的大脑要是受了伤，他的心智功能会受到影响，从而会做出一些怪异的、不合常理的行为和举动。

这个结论一出来，很多专家对此进行了仔细的研究，最终发现，一个人的情商高低，是和童年时期的教育分不开的。比如说，当孩子能经常依偎在妈妈温暖的怀抱时，母子（女）之间因为肌肤相亲，会感受到一种心灵交流，这会让孩子切切实实地感受到温暖和安全。这种温暖和安全感会让孩子的个性变得阳光可爱，爱的能力也会增强，EQ自然也会增强。

接下来，专家们进一步发现，好的图书能让孩子感受到温暖和爱，也就是说，读好书能提升孩子的情商。加上读书原本就能促进孩子的智力发展，所以，没有什么事情比阅读更能提升孩子的情商和智商了。

那如果在妈妈的怀里读书呢？是不是能使孩子获得双倍的温暖和安全感呢？是不是对提升孩子的情商大有好处呢？是的，亲子阅读是提升孩子情商的最好方法之一。

当然，虽然说是亲子阅读，但主要还是要父母“阅读”，幼小的孩子在不识字的年龄段，更多的只是听爸爸妈妈“读”。当爸爸妈妈用亲切温柔的声音，声形并茂地“读”给孩子听时，那动听的声音和深深的爱意，也会悄悄渗入孩子的心里、大脑里。

孩子一边依偎在父母的温暖怀抱里，一边沉浸在他们的温和话语中，感受着父母浓浓的爱，这份爱能给他们带来安全感和心灵舒适感。这种感觉对孩子日后妥善管理自我情绪将会产生巨大的作用。这个妥善管理自我情绪的能力就是指情商EQ。

当孩子长大一点，就可以将听父母读书改为自己读书了。所以，在孩子很小的时候培养他们热爱阅读的习惯非常重要，他们能在阅读各类书籍的过程中自觉提升自己的EQ。

下面，我们列举几个历史名人，他们之所以取得巨大的成功，与阅读有着密不可分的关系。

美国总统、政治家林肯，相信大家都知道。“爱读书的孩子”，这是大家对小时候林肯的评价。据说，喜欢读书的他，经常央求妈妈给他借书，而且一看就是大半夜。钢铁大王安德鲁·卡内基，据说他之所以选择去书店打工，目的就是看书。发明大王爱迪生，在他十岁的时候，已经读完了《罗马帝国的兴亡史》、《大英历史》以及莎士比亚、狄更斯的名著。还有弗洛伊德，据说在他八岁的时候，已经读完了莎士比亚的所有作品，而且还读了达尔文的《进化论》……

爱读书的伟人举不胜举，这些伟人的成功之路，毫不夸张地说是用书籍铺成的。同时，以上这些爱读书的伟人，他们的成功不是因为IQ高，而是因为EQ高。

我们知道，EQ高也就是感性能力强，情感丰富。那为什么阅读能让我们情感丰富，感性能力强呢？

很简单，当我们在阅读一本书的时候，我们会跟着主人公的情绪走，甚至会把自己放在主人公的位置上，和他（她）共同经历一些事。这种感同身受，能够丰富我们的感情，提升我们的想象力。打个比方，当我们看伟人的故事时，很可能会不知不觉地把自己放在伟人的角度，让自己变得像伟人一样坚强、勇敢。这就好比我们是在跟着伟人学习。由此可以说，优秀的书籍，就是孩子的启蒙老师。

有了书籍这个老师，家长会轻松很多，然而，要想让书籍和阅读更好地提升孩子的情商，父母必须进行必要的指导。那要怎样帮助孩子阅读呢？

一些专家指出，如果孩子很小，还处在幼儿阶段，那父母可以先让孩子听一些配乐朗诵。当然，朗诵的必定是优秀的文学作品才行。比如可以给孩子听一些古诗词朗诵，让悠扬的音乐和优美的诗词融汇一体，当孩子伴随着悦耳的音乐，听着抑扬顿挫的朗诵时，他们的情绪往往会平静下来，深深陶醉在旋律中。这样不仅可以让幼儿在美妙的音乐声中识字，而且这也是培养孩子情商的一种好方法。配乐朗诵这种轻松的阅读方式，会吸引孩子的注意力，进而使他们喜欢上阅读。

当然，这种阅读方式之所以只适合幼儿，是因为把幼儿的无意注意转化成了有意注意。是在潜移默化地培养幼儿的专注精神。

再大一点的孩子，父母可以利用他们喜欢表现的特点，在家里设置小舞台，让孩子们站在上面朗读，父母在台下听。当孩子读到精彩的地方时，父母如果适时鼓掌，更能让孩子产生一种自豪感和荣誉感，他们也就更喜欢阅读了。

有人曾形容说，汉字如同一个七巧板，给了孩子无尽的想象空间，帮他们编织了美丽的梦；更有人说，汉字是一把金钥匙，开启了孩子通向成功的路。

不管是七巧板还是金钥匙，汉字阅读能带给孩子们乐趣，并能使他们的情商得以提升。

7

阅读能给人带来正面力量

如今的人，心理压力特别大，患心理疾病的人也是越来越多，这也正是现在心理医生特别吃香的原因。大人有心理压力的话需要疏解，小孩也一样。应试教育下的繁重压力，父母给予的无限期望，都可能对孩子产生不良的心理影响，更不要说他们在日常生活中常出现的伤心、难过、痛苦、恐惧等心理了。

我们知道，语言的力量是不容小觑的，能对一个人的心理产生一定的影响。而汉语又因为具有象形会意之功效，在阅读时更容易让人产生无尽的想象。正如西方那句谚语："语言之于心灵犹如药物之于身体；不同的话语可以产生不同的效果：有的使人悲哀，有的给人愉悦，有的使人害怕，有的促人勇敢，有的像魔术一样使人着迷。"

美国有家医院曾把中国的汉字用到治疗心理疾病上，并认为它们具备影响理智思维、情绪，并能帮助心情低落、对人生不抱希望的人理解生活的意义。这家医院在治疗过程中，根据每个患者所存在的心理问题，让他们阅读能起到不同效果的书籍。果然，这种特殊的治疗方法非常有效。

而汉字之所以能起到治疗作用，就是因为汉字具有象形阅读视感。用汉字写作成的不同文体形式，因而也具备了各种心理指导效果。在阅读这些著作时，我们会获得不同的心理感受。

比如说神话传说。神话学家约瑟夫·坎伯就曾说："神话是众人的梦，是沟通意识和无意识的桥梁……它是一种和梦相似的象征符号，激发并支配人类的心理力量。"确实是这样，像我们四大名著中的《西游记》，孙悟空就成了很多孩子心目中的英雄，他不畏困难，英勇无敌，是孩子们心中的榜样。

俄罗斯著名诗人普希金，有一首题为《假如生活欺骗了你》的诗歌：

假如生活欺骗了你，
不要悲伤，不要心急！
忧郁的日子里需要镇静，
相信吧，快乐的日子将会来临。
心儿永远向往着未来；

现在却常是忧郁。
一切都是瞬息，
一切都将会过去，
而那过去了的，
就会成为亲切的怀恋。

这首诗，曾被无数人拿来当作遇到困难时的支撑。很多人确实在读了这首诗之后，变得坚强起来。

一首诗，竟然能起到这么大的作用，真令人惊奇。但当我们仔细朗读几句后就会发现，它真能给人以力量。这首诗所表现出的音调和语言，柔软如松脂，明亮如闪电。阅读的时候，会让我们自然而然地被带进那种情绪，会让我们像勇士一样勇敢坚强地生活下去。

这首诗带给我们的是一种积极乐观的人生态度。它告诉我们，生活中难免会有痛苦和悲伤，不过，这些都可以过去，快乐的日子终会到来。诗中透露出的人情味和哲理意味，能让我们深刻感受到诗人的坚强乐观和博大情怀，这种正面的力量，很容易感染到我们。

格罗塞曾说："诗歌是郁积着的感情慰藉物，无论用最低级的形式或者用最高级的形式，本质上是相同的，就是对于歌者的一种发泄和慰藉。"黑格尔也认为，"诗不仅使心灵从情感中解放出来，而且就在情感本身里获得解放"。所以说，这样的好诗，如果能经常朗诵给孩子们听的话，是不是比一味地讲道理、责骂更有效果呢?

不要说这种正面力量的传递了，就是一些悲剧，对我们宣泄负面情绪，平衡和调节心理也是能产生功效的。

通俗一点讲，当我们看到一个悲剧故事的时候，难免会随着主人公伤心流泪，甚至号啕大哭，而哭正是我们借助别人的行为、情感，把自己体内的负面情感发泄出来。这不就和通下水道一样的道理吗？下水道堵塞的话，只需要一根铁丝，便可以疏通水渠，让污水顺利流出去。而一些悲剧故事，所起的作用，就和铁丝一样。

人只要活在这个世上，总会遇到各式各样的不开心，大人是这样，小孩也不例外。比如说，他们想要一个玩具，父母没有满足他们；他们和小朋友吵架了，心情不爽；他们不巧看到一个可怜的孩子和妈妈失散了……这些都有可能引发他们的悲伤情绪。如果这些情绪得不到发泄，很容易聚集在内心深处，而当这些情绪被发泄出来了，那郁积的悲伤，也就消失了。

所以，如果孩子在看到一些故事时，伤心得流泪或者号啕大哭，父母不必紧张，等他们哭完后，可以让他们说出伤心的原因，然后给他们加以排解和慰藉。

日本著名的社会学家柳田邦男曾说过，书籍是儿童最好的心灵处方，可以帮助他们解决不同的问题。

一个好的故事，能改变一个孩子的情感、思维，以及看待事情的眼光。所以让孩子看书吧、阅读吧，不管是那些能给他们带来力量或自信的书籍，还是那些能让他们得到温暖或宣泄的书籍，对他们的心理，都是一种良好的调节。

8

亲子共读，促进亲子关系

现如今，电视、网络充斥着每个家庭。家长们天天嚷着孩子只看电视、玩电脑而不看书时，却忘记了自己天天守在电视、电脑前，把它们当成自己的“电子保姆”，根本无暇顾及孩子，更不可能和孩子一起阅读。

孩子的模仿能力是很强的，看到家长天天看电视、玩电脑，他们当然也会每天坐在电视、电脑前，屁股都不愿意抬一下，家里自然也就一片死气沉沉了。孩子们在跟着大人看电视、看网络上东西的时候，那些成人化的东西，也就渐渐渗入到他们的大脑，学习成绩糟糕那是必然的结果，说不定还会染上其他一些坏毛病。

这时候，父母才想起来要控制孩子看电视、玩电脑。不过，在控制孩子之前，家长如果不先控制自己，那肯定是没有效果的，因为家长才是真正影响孩子的主因。如果家长不让孩子看电视、上网而自己却沉迷其中，还怎么说服孩子？家长可是孩子的第一个老师。

如果家长们能把看电视、玩电脑的时间节省下来，和孩子一起做做游戏、散散步、聊聊天、看看书的话，家里肯定会变得欢乐和睦的。所以有专家提出，让亲子关系更和谐，让家庭更温馨的好方法就是阅读。当然，这个阅读不是指父母让孩子去阅读，而自己却坐在沙发上看电视或坐在电脑屏幕前玩游戏，而应该亲自和孩子一起阅读，这种阅读方式也叫亲子共读。

亲子共读，从一定意义上来说，并不仅仅只是阅读那么简单，它能让父母和孩子在“共读”的过程中，获取知识和快乐，同时还能加深父母和孩子间的亲情，让孩子们感受到来自父母的爱和温暖，感受到知识的力量，并爱上阅读，懂得人生。

所以可以说，亲子共读是在用“爱”的方式来让孩子爱上阅读，让家里充满温情。

有位妈妈曾在她的博客中写道：“自从我开始和孩子一起阅读后，我感觉我们之间的关系更加亲密了。”

她说，她的儿子八岁。以前，儿子每次放学回家之后，把作业一写完就去看电视了。而她忙完家务后就去上网，或者做其他事情，两个人根本没有交流的机会。

有一天，她在电视上看到专家说，家长和孩子一起阅读，能使亲子关系更加和谐。于是，她和儿子商量，每天晚上八点，母子一起读半小时的书。在这个过程中，有时他们各看各的书，有时共读一本书，有时互相进行交流，渐渐地，她发现和儿子的关系也亲密起来了。

所以说，一个好的阅读行为，是建立亲子关系的媒介。通过阅读中亲子之间的互动，让孩子和家长的关系更亲密。同时，通过阅读，家长也可以更好地了解孩子，从而知道孩子的想法和感受，并且懂得尊重他们。

作为父母，养育孩子是天经地义的事。养育就是“抚养、教育、培育”三方面的集合体。在物质条件相对富足的今天，父母的责任更重要的就是教育，而不仅仅是抚养。也就是说，做孩子思想上的领路者，才是对孩子最大的爱。

阅读犹如给孩子装上了一双隐形的翅膀，孩子借助这双翅膀，也就能飞得更高更远。这就是书籍给他们的力量。

我们经常感叹，孩子怎么开始叛逆了，孩子怎么这么不体谅父母的苦心？和孩子之间的代沟怎么越来越深了？父母只是在责怪孩子，却忘了自省。父母之所以和孩子有了代沟，很多时候，就是因为父母只顾工作、赚钱，却忘了和孩子进行互动交流。

而亲子共读恰好可以促进亲子间的互动，让他们有更多的机会交流情感，让全家一起度过轻松愉悦的欢乐时光。当亲子之间的关系和谐了，代沟也就不存在了。而父母也就能从共读的书中，找到和孩子交流的语言密码了。

试想一下，当孩子还小的时候，让孩子坐在父母的怀中，大手套小手，共同举起一本书翻看，这时不仅你们身体的距离近了，心灵的距离也近了。孩子长大了，当你们一起阅读的时候，必定会从共读中找到共同的话题，在阅读和交流中，不仅能让孩子的阅读能力、表达能力提高，而且也能让亲子关系更加和谐。父母自然就成了孩子的朋友和知心人。

记得谢尔盖·米哈尔科夫曾经说过："无论孩子们的家庭和学校生活多么有趣，可是如果不去阅读一些美好、有趣、珍贵的书，就像被夺去了童年最可贵的财富一样，其损失将是不可弥补的。"

阅读能给孩子们带来快乐！很多成年人在回忆童年时，忘不掉的就是曾经阅读过一本好书，那种沉浸在故事情节中的幸福感，是好吃的、好玩的都无法代替的。这种精神上的愉悦，远远比物质上获得的愉悦更令我们怀念，更能给我们留下美好的印象。

家长们，抽出时间，和孩子一起阅读吧，在给孩子带来知识的同时，也可以放松一下自己，享受一下亲情的快乐。如果父母在和孩子共读的过程中，和孩子互动，那就更能享受到天伦之乐了，这种快乐，当然是最珍贵，并难以用语言来形容的。

9

阅读能让人与人相处得更好

人际交往能力是一个人立足于社会的根本，可以说，孩子的交往能力决定了他们成年后的生存能力。毫不夸张地说，社会关系决定着一个人成年后的生活的发展方向。而能拥有什么样的社会关系，主要取决于这个人的交际能力。

如今很多孩子不仅不擅长交际，而且还不会交际，害怕交际。他们整日蜷缩在家里，面对的不是电脑、电视就是父母。这样致使他们成年后，更是连陌生人都不敢见。

美国心理学家卡耐基认为：一个人的成功30%靠才能，70%靠人际关系。所以说，人际交往能力已经成了我们驾驭生活、完善自我的能力。如果不想让孩子大浪淘沙般被淘汰，就要鼓励孩子们走出孤独，学会和人相处，学会怎么和人沟通交流。

人原本是群聚动物，是需要和人沟通交流的。而人际交往是人与人之间相互了解、沟通、交流的过程。人们通过人际交往，可以了解社会，了解自己，完善自己的人格。一个人的人际交往能力，往往是受到童年时期的影响的。对孩子来说，人际交往的第一步就是在幼儿园（学校）。这是孩子接触社会的窗口，是他们心理发展的重要时期。

在这段时期，如果孩子们能够很好地适应集体生活，能够和小朋友们、同学们建立良好的人际关系，对培养他们乐观豁达的品格很有好处，对提高他们成年后的人际交往能力很有帮助。

然而，随着科技的发展，孩子们把更多的时间放在了看电视、玩电脑上，即使和人交流，也是通过网络和电话，缺少了和人正面交流的机会。青少年在人际交往上的问题越来越多，这成了他们所面临的最严重的问题。

孩子们天生是需要和人交往的，就看父母有没有很好地引导他们。比如说，他们在很小的时候就表现出与人交往的需要。当妈妈喂宝宝吃奶时，不管父母用什么方式和宝宝交流，他们都会用眼睛看着妈妈或笑或手足乱舞。这就是亲子之情的流露和表现。

孩子再长大一点，除非是患自闭症的儿童，他们都非常喜欢跟小伙伴交往，即使不认识，只要碰在一起，几个月大的婴儿都会互相摸抓，以表示亲热。年龄再大一点，如果有共同的兴趣而且能听懂语言，他们便会很自然地在一起玩耍。而且孩子们和玩伴在一起的时候，往往会变得很开心，心情愉悦。因此，家长不仅不要干涉他们和小朋友玩，还要有意识地给孩子创造交往条件，让他们有更多机会和别人相处，满足他们情感上的需要。同时，还能促进他们身心的发展，培养他们的人际交往能力，健全他们的人格，为成年后的生活和事业打下良好基础。

另一方面，孩子们在小的时候，如果学会了和异性交往，将有助于培养他们的绅士风度和端庄礼仪，当幽雅的谈吐和良好的行为成为习惯后，成年后的他们自然会成为一个具备高尚道德情操的人。可是在现实中经常会听到一种说法："一味地看书，会变成一个不会交际的人"，这其实是一种错误的说法。喜欢阅读的孩子，不仅不会变成一个不会交际的人，反而会提高他们的人际交往能力。

为什么这么说呢？原因很简单，孩子们通过阅读，可以掌握更多的知识，丰富他们的话题。丰富的话题是构建良好人际关系的要素。试想想，有了话题，不管面对多少人，也就不至于冷场了。而通过阅读同一个作者的书籍，孩子们可能还会找到同"好"者，进而扩大他们的人际圈子。这也就是所谓的物以类聚，人以群分。

喜欢阅读的孩子，一般都会有走动，有交流。在相互讨论一些故事，相互借阅书籍的过程中，也免不了交流。在我们周围还可以发现，喜欢阅读，经常阅读的人，都比较有幽默感，那些充满幽默感的孩子，又有谁不愿意和他（她）交往呢？

除此之外，孩子们通过阅读一些有趣的小说，可以让他们和小说中的人物一同欢乐、一同懊悔，甚至一起成长。也就是说，孩子们可以借助阅读，通过小说人物，很自然地体会到他人的心情。如果孩子喜欢阅读历史小说，还可以了解更多历史；如果喜欢阅读外国小说，还可以知道很多不同文化，不同背景下的人物特点。

在一些故事中，人物内心的热情及阴冷，都会以各种形式展现出来。孩子们在阅读这些故事的时候，也就能够明白，世界上是有着形形色色人的，这些形形色色的人，也会做出各种各样的事。这样在以后的生活中，即使遇到类似的人或类似的事件，他们也就能很好地处理了。所以书本也是指导孩子进行人际交往的“老师”。

家长们了解了这些后，如果看到孩子对人际关系变得淡薄，很大原因可能是孩子们很难对他人产生关怀心理造成的。发生这种情况，家长在多给孩子温暖和关心的同时，别忘了指导他们用阅读来填满心与心之间的间隙。

第二章

再忙也不能忽略头几年

早期阅读很重要

忙碌的父母不一定顾得上孩子的所有成长细节，但早期教育，具有启蒙和奠基的意义，是幼儿智力发展的关键时期，父母即使再忙也不能掉以轻心。在孩子小的时候，培养他们的阅读兴趣，帮他们养成爱阅读的习惯，可以让他们受益终生。

10

早期阅读，从胎教开始

现在很多准妈妈们，当宝宝还在肚子里时，就开始对他们进行“胎教”，比如放一些舒缓的音乐和优美的诗词朗诵给他们听，这样生下来的宝宝就会既聪明又可爱，而且语言基础好。正因为这样，越来越多的人开始注重对宝宝进行“胎教”。

宝宝还未出生时，语言、画面上的一些美好的感受，可以通过母亲，反映给他们。

美国有位叫吉姆·特米里斯的学者，他说，一个母亲如果从孩子降生的那一天开始，每天抽出20分钟时间为孩子朗读的话，对孩子以后的发展会大有好处。为了验证他的观点，他为母亲们列举了一些适合给孩子阅读的书籍，比如莎士比亚的著作、《圣经》、林肯总统的演讲，等等。吉姆·特米里斯这里所提出的观点，其实就是要重视早期阅读。

“孩子那么早阅读，他（她）听（看）得懂吗？有效果吗？”这是很多人担心的问题。在我们眼里，刚刚出生的孩子，是什么都不懂的，他们只是睡了吃，吃了睡。

真是这样吗？

美国脑科专家格伦·杜曼博士认为，一个正常孩子为什么会成为天才，就是因为对其大脑进行长时间的、紧张的持久刺激。而早期阅读如果能坚持下来，就是对大脑的一种“持久”刺激，这是促进智力发育的好办法。

前面我们已经反复说了阅读的好处，孩子刚出生时，大脑和各个器官，正处在发育时期，所以教孩子阅读，越早越好。举个例子，就读于哈佛大学的斯特娜夫人，她对女儿的成功教育经验，值得我们每位母亲来学习。而她已经成为迄今为止，我国家庭早期教育的一个模板。

维尼夫雷特，这个三岁写诗歌和散文，四岁用世界语写剧本，五岁会八种语言的女孩，就是斯特娜夫人的女儿。

斯特娜夫人能培养出这样的天才女儿，就是因为在女儿刚满月时就给她朗读文学作品。她认为，孩子的感觉器官和语言都需要刺激，而能带给她刺激的语言，必定要优美纯正。这样的语言，必定是用心朗读的优美文章了。而她女儿正是在这些优美语言的刺激下，成了一个“天才”。

说完了离我们遥远的美国，再来说说中国的名人。郭沫若在他两三岁时，母亲就经常给他读唐诗。他曾在很多场合说，他之所以倾向于诗歌和文艺，首先给予他决定性影响的就是他的母亲，就是他母亲所读的那些唐诗。郭沫若还曾形容说，童年时，母亲那温柔的朗读，就像音乐一样吸引他。可见，早期的阅读，对孩子的成长有多重要。

有专家形容说0～3岁的孩子，认知心理就像海绵一样，属于“吸收性心智”。比如说，如果一个孩子出生后，他（她）的父母就和他（她）说家乡话，那么在他（她）脑海里，最先入为主的就是家乡话，这种话不仅讲得好，而且很可能一辈子都不会忘。

所以说，从孩子一出生，抑或当孩子还在妈妈肚子里的时候，便可以让他们听优美的语言，经常给他们读一些优美的故事和文章。这样可以构建起孩子一流的语言能力。当这些优美的语言进入到孩子的大脑时，就会留下一定的印迹，这属于一种潜意识的教育。

婴幼儿在 4 ～ 6 个月时，他们的视觉调节能力及辨认能力开始发展，也已经具备了阅读的生理条件。对于那些色彩艳丽、画面形象生动有趣的图画，开始感兴趣。这时候，如果让他们经常接触一些图文并茂的图画和文字，对他们大脑及视觉方面的发展，都是很有好处的。

当然，不要一听到阅读，就觉得是那种捧着书看的才叫阅读。孩子的早期阅读范围，是非常广泛的。他们可以凭借色彩、图像、成人的言语及文字，等等来成全他们的早期阅读。

通常情况下，孩子四个月的时候，头还是不能竖立的，父母可以给他们用朗读故事、讲故事的方法，让他们进入早期阅读。

等到过了四个月，孩子的头已经可以稳稳地竖起来时，就可以抱着他们一起看一些色彩明快、线条清晰的画册了。这时候的文字并不是很重要，但父母也可以给他们读出来，不要在意孩子是不是听得懂，只要多读几次，是可以给他们留下印迹的。在给孩子看图画时，可以拉着他们的小手去摸摸那些图案，甚至还可以把这些图案形象地比划出来。

孩子在八个月之后，就可以让他们自己去翻一下书籍了。

在让孩子接受早期阅读训练时，父母应该适当地给他们提供画面较大、内容简单、与实物相近的图画书，并让他们用自己的双手去打开书，找出自己喜欢的画面。因为此时的孩子，手部动作的发展，是他们学习的开始。

等到孩子十个月的时候，就可以让他们伸出小手来认东西了，比如看到图画上是一条小白狗，就要问他，“小白狗在哪呀？”这时候，如果孩子认识，他（她）一定会用小手去指的。当他们指对了，父母再来句：“宝宝真聪明！”这时的孩子，一定会手舞足蹈，有了一种被夸奖的快乐！甚至还会让父母不停提问，他们不停回答。

在孩子能够发音时，即使只会发出一些简单音节，也可以和孩子开始进入“问答”的阅读过程，比如看到小狗，大人就可以指着图案，让孩子来回答了。当孩子正确说出“小狗”时，父母不要忘了用亲吻或“宝宝真聪明”来奖励他们。这样，能逐步让他们在找到阅读的快乐时，喜欢上阅读。

两岁以后的孩子，是一个语言能力爆发的成长阶段。这时候，父母要尽可能地把更多的表达语言机会留给他们。比如在平时的时候，多和孩子对话。这种对话，最好不要用省略语，要用条理清晰、完整的语言。因为只有这样，才能让他们产生逻辑性思维。

总之，孩子的早期阅读，并没有特定的起始时间，只能说越早开始越好，从出生的第一天起也好，或当他们还在妈妈的肚子里时也好。只要明白，不要怕孩子过早阅读，因为这对他们，只有好处，没有坏处。

11

开启幼儿的阅读人生

孩子眼中的世界是丰富多彩、充满想象力的，而阅读正是开启孩子想象力的钥匙。阅读的重要性，不言而喻，如何开启孩子的阅读人生，更是每个家长都要知道的问题。

在面对孩子的阅读问题时，很多家长都存在一些困惑，特别是如何选择适合婴幼儿阅读的书籍。

其实，在对婴幼儿进行启蒙阅读教育时，什么内容对他们来说并不重要，上面我们已经讲过，所以对这个阶段的孩子，除了那些不健康的文字，任何书本，甚至任何文字都可以念给他们听。比如家里随便看到一段文字，一首诗词，一句歌词等，都可以随性地给他们念。

曾有一位年轻的妈妈，是名画家。女儿接触最多的就是她的画，而她面对女儿时，也会告诉她，她为什么要这么画，画这幅画的意思是什么。她没有管女儿有没有听懂她说的，她只是自顾自地和女儿聊天，像和朋友聊天一样。灵感来了，她也和女儿说，灵感没了，她也说。女儿也时常拿着她的画册翻看。在女儿八个月大时，她就好像已经会“看”画了。再长大一点，她对那些图文并茂的书籍，尤其喜欢。

这位妈妈虽然给孩子看的是画，但因为她会和女儿“谈”画，这也属于阅读的一种。所以实际上她在无形中开启了女儿的阅读人生。

由此可见，对婴幼儿来说，不要拘泥于要给他们阅读什么样的书籍，要明白，这时的孩子，他们需要的只是一个阅读的环境和过程。

另外，我们要很好地把握孩子爱上书本的黄金时期。

有人说，只要孩子还在用奶瓶喝奶，这都是让他们爱上书本的最佳时机。这话不算夸张。因为在一天的二十四小时里，孩子除了睡觉、哭、闹，其他的时间，父母都可以利用。

在孩子喝奶、喝水的时候，在孩子睡觉之前的安静时刻，在孩子醒来乖乖躺在床上的时候……父母可以利用孩子的这些安静间隙，为他们朗读书籍。即使在陪孩子玩耍时，也可以给他们讲故事，比如做游戏时，带他们出去散步时，这些时间都可以利用起来。

当然，父母不一定非要按照书本中的故事讲给孩子听，可以自己编一些故事，比如在给孩子换尿布时，就可以说："有个小宝宝，长得呀，聪明又可爱，爸爸妈妈特别喜欢他。有一天，正乖乖玩耍的宝宝，忽然哇的一声哭了。爸爸妈妈不知道他为什么哭呀，问他他又不会说话，最后还是妈妈聪明，看到他的小脸涨得通红，就知道，宝宝肯定是便便了。果然，当妈妈把尿布换了，给宝宝擦干净了小屁屁，宝宝就不哭了。原来，宝宝哭是在告诉爸爸妈妈'我拉臭臭了，我不舒服了，快给我换尿布'！"

不要小看这种自言自语式的讲话方式，虽然宝宝好像不会回应，其实在他的小脑袋瓜里，都一点一滴地储存着呢。这种方式不仅对孩子以后的阅读有好处，甚至还可以拉近父母与孩子之间的关系。所以说，亲子之间的互动，就是一种开启孩子阅读人生的好方式。

有些父母肯定说，我也想和孩子互动呀，可我也要有时间呀，工作那么忙，压力那么大，下班回到家，也累得不想动，不想说了。实际上，对婴幼儿的阅读培养，是分分钟都可以进行的。有时间的话，当然最好，可以抽出大块的时间和孩子一起阅读，陪着孩子成长；很忙的话，其实也是可以挤出一些时间来的，比如可以利用每天一早起床的时间。

如果孩子在父母起床时，他（她）也醒了，那父母可以给他们讲一些关于清晨的故事，告诉他们，天亮了，大家都起床了，大人要去工作，孩子要去上学，小宝宝则要乖乖在家里等爸爸妈妈回家。还可以说小猫小狗也起床了，宝宝也要起来了。在晚上，父母忙完家务时，可以给孩子递上一本图画书，让他们自己看，时不时走过来和他们交流一下，比如说，“这个小狗真可爱，就和我们邻居家的一样”，“这个小鸡正在到处找妈妈呢”等。

这些看似无聊的，有一搭没一搭的互动，对孩子的阅读也是有好处的。

晚上，给孩子洗完澡后，到他们睡觉前的这段时间，他们刚吃饱喝足、神清气爽，也正是给孩子阅读的好时机。父母千万不能浪费。

这些一点一滴的时间，也许对爸爸妈妈来说，微不足道，可是对孩子来说，则意义重大，这里面可蕴含着无限可能的教育功能，这么简单而又宝贵的教育方式，家长何乐而不为呢！

娇娇一个半月大时，有一天到了喝牛奶时间，妈妈顺手拿起手边的故事书，将封面对着她。其实当时妈妈是无意识将封面对着孩子的，结果却惊讶地发现，娇娇还没完全睁开的眼睛，竟然很有规则地上、下、左、右转动着看完了整页封面。妈妈不相信地又翻了一页，娇娇的眼睛又重复地移动了起来，而且一页接一页看下去。妈妈无法得知她究竟看到了什么，但这个发现却提醒了她，小孩子可能会对书本感兴趣。于是，她开始有意识地培养娇娇的阅读兴趣。

娇娇的故事告诉我们，开启孩子阅读人生的时机，是处处存在的，只要父母用心，都可以做到。

12

早期阅读怎么“读”

要不要早期阅读？早期阅读怎么读？对于孩子的早期阅读，向来有两种声音。

一部分家长认为：“那么早让孩子读书干什么？看看图片、认认字就能提高孩子的智力？读书不应该成为孩子幼儿时期要做的事情。”

他们认为，在孩子的自然成长过程中，首要的是身体的成长，然后才是智力的开发，现代的都市孩子本来就已经基本失去了同自然界交流的机会，如果早早地进行学习的话，很容易破坏孩子对世界的认识和感觉，破坏他们对自然的敏锐感知。

而另一部分家长认为：“阅读有利于扩大知识面，孩子提早阅读，可以提前认识很多字，有利于小学阶段的学习。”

丁丁的妈妈喜欢看书，尤其对古诗词痴迷。在丁丁刚刚满月的时候，妈妈就每天拿起一本古诗，抱着他，“床前明月光，疑是地上霜”……一句一句地朗读起来。

对丁丁妈妈来说，她当时并没想什么早期阅读的事，而是因为自己喜欢。但没想到在她这么一直坚持着给丁丁读古诗词后，小家伙对古诗词好像也有了兴趣，每次听到妈妈朗读，他就两眼放光，认认真真地听着。

在小家伙刚刚开口说话时，妈妈一朗读，他便学着妈妈的样子，

“读”了起来，虽然字还咬不清，但却也是有模有样。丁丁妈妈受到了儿子的鼓舞，在和他一起朗读古诗词时，也加上了解说。慢慢地，等到丁丁说话流利时，竟然也能背出好几首诗来。

丁丁不仅对古诗词，而且对其他书籍，也产生了兴趣。他经常指着书本，让爸爸妈妈给他读。更重要的是，小家伙性格特别活泼。如果家里来了客人，一说丁丁，给我们朗读首诗，他便高高兴兴地站在大家面前，煞有介事地读起来。等到上了幼儿园后，老师教的任何东西，他也都能迅速记住。

丁丁的事例说明，早期阅读，对孩子还是很有好处的。可该怎样指导孩子进行早期阅读，应该是很多早教父母们关心的问题。有些人一听到“早期阅读”几个字，首先就会把它跟“识字”联系到一起，认为早期阅读就等于识字。阅读是否等同识字，这个问题和要不要早期阅读一样，存在争议。更有很多人会模糊这个问题，他们觉得，婴幼儿通常看的读本都是以图片为主，如果孩子想知道一个字念什么，那就告诉他（她），如果不问，那就让他们自己看图好了。

其实对于孩子来说，阅读是一种学习，他们是在学习阅读的策略。而我们成人的阅读，很大程度上是一种体验。

所以作为父母，首先应该培养孩子主动学习的态度。相比之下，识字也就显得不是那么重要了，识字只是阅读的副产品。一般爱阅读的孩子都会主动要求识字，如果他们想认识字的话，父母可以告诉他们，但并不强求，非得让他们记住这个字，如果不记住，还要惩罚他们等。也就是说，不要强迫孩子去认字，不要让孩子觉得“认字”是件很痛苦的事，因为这样做的话会违背早期阅读的目的。

然而，有一些家长还是把孩子识多少字，看成评价他们聪明与否的标准，甚至以孩子识字多而骄傲。幼小的孩子，他们聪明与否，不应该体现在识字的多少、能背多少首古诗上，而应该体现在身体、表达、情感等各方面是否得到全面发展上。

早期阅读的内容很广泛，只要与文字相关的东西，都可以算作早期阅读的范围。识字，只是它的一个方面，而且是不能急于求成的，应该循序渐进、日积月累才能见效的一个方面。所以父母一定要把握好孩子早期阅读中识多少字的度，让孩子在愉快中进行早期阅读，识字多少，并不重要。

既然早期阅读不等同于早期识字，那么孩子的早期阅读都要读什么呢？这最好根据孩子的兴趣爱好，性格特点进行选择。一般情况下，婴幼儿更趋向于阅读色彩鲜艳、图文并茂的图书。他们通常要求故事内容通俗易懂、富有幽默感，语言要浅显生动、朗朗上口、易学易记。比如《罐头小人》、《快乐识字多多》、《读拼音》等，这些书也许内容很浅显，但却能折射出很多做人的道理。好的图书可以启迪孩子，改变孩子的不良行为。这也正是孩子早期阅读所期望达到的效果。

那么早期阅读从什么时候开始好呢？早期阅读的本质是通过图画，让宝宝凭借一些色彩和图像，以及父母的声音对文字了解的一个过程。简单地说，对于婴幼儿，只要是和阅读有关的任何活动，都可称为阅读。比如刚刚满月的孩子，不管他们是抓着一本书在咿咿呀呀地玩着，或者看着上面的图画又撕又打，都可以算是一种阅读。而当他们看见大人坐在沙发上看报纸，自己也装模作样地拿起报纸，认真地“看着”，不管他们拿的报纸是正的还是反的，也可算是一种阅读。

还有当他们和父母一起出去，看到自己认识的字，然后兴奋地念出来，这也是一种阅读。甚至当他们还在妈妈肚子里时，妈妈就开始给他们朗读故事和文章，这也算是一种阅读……

由此可说，孩子从何时开始早期阅读，以及采取什么样的阅读方式，并没有固定的概念。只要你愿意，在任何场合下，你都可以给孩子进行早期阅读。

13

孩子早期阅读的训练

阅读的重要性已经不言而喻，因为其既是获取知识的重要途径之一，又是培养良好个性的手段之一，更能增强我们的EQ。因此也可以说，一个人阅读能力的强弱，很可能会影响一个人一生的成就。

早期阅读作为阅读的起步，对孩子阅读能力的培养起着关键作用，那父母又要如何对孩子进行早期阅读的训练呢？

有专家针对一些家庭的情况，做了一番调查，并得出了如下结论——要想提高孩子的阅读能力，必须具备以下四个条件：

1. 丰富的语言环境。

既然是训练孩子的阅读能力，那就要尽力给孩子创造一个多方面接触文字语言的机会。比如看电视时，就可以鼓励他们把看到听到的复述出来；看图书的时候，可以引导他们用形象的肢体语言，把人物和故事表达出来等。这样就既能培养他们的语言表达能力，又能锻炼他们的想象力。

2. 家长的影响。

有句话叫“有什么样的父母，就能培养出什么样的孩子”。孩子的模仿能力非常强，父母如果平时就喜欢阅读的话，这种言传身教的影响比什么都大。如果家长都不喜欢阅读，怎么可能让孩子丢下手里的玩具、游戏来认真阅读呢？所以不阅读的父母，即使再强迫孩子阅读，都起不了太大的效果，甚至会阻碍孩子阅读能力的培养。因此，即使平时再忙，父母如果能每天晚上抽出睡前半个小时来陪孩子一起阅读，对孩子的健康成长是大有好处的。

3．阅读兴趣的培养。

孩子早期的阅读内容，对以后的阅读能力影响很大，家长们应该指导孩子阅读，耐心为他们解答他们在阅读中遇到的各种问题。要着重培养、鼓励孩子从阅读中找到快乐和趣味。

4．循序渐进的阅读。

阅读是否循序渐进，这关系到孩子思维能力的发展。一定年龄的孩子已经具备了一定的思考能力，而他们的思考能力又决定了他们选择何种深度的阅读内容。所以慎重选择读物很重要，如果不注意这点，要求过高，操之过急，不仅不能收到应有的效果，而且很可能适得其反。因此，家长们有必要通过各种途径扩大儿童的知识范围，提高他们的理解能力、思考能力。

除了上述几个方面，如果孩子已经具备了一定的阅读能力，那就可以培养他们的快速默读能力了。如果说朗读更注重的是孩子对文字内容的感观了解，那么快速默读则侧重于孩子对文字内容的思考。

因此，父母应有意识地培养孩子的默读能力，并进一步培养他们的说写能力。通过说写，孩子能对文字内容产生更好的了解，这正是阅读最终想要达到的目的。通过说和写，孩子可以强化阅读能力，并从阅读中收获到更多。

所以，为了孩子能健康、聪明地成长，家长们应充分重视他们的早期阅读训练。

14

早期阅读，孩子听得懂吗

前面讲了那么多早期阅读的好处，有些父母却依然有疑问，原因就是父母给孩子朗读，他们接受得了吗？能理解多少呢？

让孩子早期阅读，一定要让他们理解阅读的内容吗？如果只有孩子能理解的东西才能教，那么婴幼儿时期，父母只管喂他们吃喝就行了，不必教他们任何东西，那“胎教”之类的说法，就更没意义了。

孩子在刚刚张口说话时，通常发出的声音都是“爸爸”或者“妈妈”。甚至看到有一家媒体报道，说一个明星的孩子，他最先学会的发音是“LV”。孩子们在发出“爸爸”、“妈妈”，甚至“LV”的音时，肯定不知道它们代表什么，但父母却会因此而欣喜若狂。他们不担心孩子在发出这个声音时，是不是理解这个词的意思。因为他们知道，孩子以后会明白的。

同理，孩子在早期阅读时，并不一定要理解，因为这只是对孩子潜力的一种开发。

从早期阅读的目的上来说，并不只是单纯地发展孩子的阅读能力，好的文字内容配上生动有趣的图片，对孩子品德个性的形成，是有着重要作用的。丰富的语言对孩子的感官发展也有着良好的刺激作用。所以让孩子看书，培养他们对阅读的兴趣，将成为他们终身受用的好习惯。

在给孩子开展早期阅读的过程中，有些家长之所以认为孩子阅读没意义，是因为他们在给孩子朗读时，发现孩子总是表现得心不在焉。“要是听进去了，肯定是有好处的，是在开发潜力，可孩子都没听进去，能算是开发潜力吗？”这才是家长们真正质疑早期阅读的原因。

父母在给孩子朗读时，孩子真的没有听进去吗？美国心理学家曾做过这样一个有趣的实验：他们请了三十几个孕妇，给没有出生的孩子背诵童话故事，每个人背诵不同的段落。这项实验从孩子临产前第六周开始，每天背诵三次。在孩子出生的五十多个小时后，再次给他们读相同的内容，然后根据初生婴儿吸奶的速度判断他们的反应。最终发现，每个孩子在听到那些“熟悉”的段落时，明显地，他们吸奶的速度发生了改变，有些慢了，甚至停了下来。可见，刚刚出生的婴儿对父母的朗读，还是有反应的。

有对八零后的年轻父母，经常得意地告诉同事和朋友，他们的儿子，简直就是“书痴”。同事和朋友们听到他们叫自己刚刚满一百天的宝宝为“书痴”，都哈哈一笑，只当是个笑话。可这对年轻的小夫妻很认真地说，这是真的。原来，他们发现了一个有趣的现象，孩子在哭的时候，他们抱着他摇晃、听音乐，甚至跳舞、做鬼脸，孩子该哭还是哭，而且哭声越来越大。可是，只要他们朗读文章，孩子马上就能平静下来，而且还会静静地听着。

同事和朋友们觉得很好玩，就去验证事实是不是像小夫妻说的那么神奇。没想到，哭闹的宝宝对阅读真的很敏感，一听到大人阅读马上就能安静下来。

“怎么回事？是你在怀孩子的时候，经常听朗诵吗？”同事们问。他们觉得可能是胎教的关系。可年轻的妈妈摇了摇头。最后，他们从年轻的保姆那里找到了答案。原来，小保姆想考播音员，所以经常在小夫妻上班后，她一边带着宝宝，一边练习朗读。

小保姆没考上播音员，但没想到那一声声的“朗读”却成了安抚孩子情绪的好办法。找到这个哄孩子的妙招后，孩子的父母高兴万分，只要有时间，他们就会争相给孩子朗读文章：“好雨知时节，当春乃发生。随风潜入夜，润物细无声……”“轻轻的我走了，正如我轻轻的来；我轻轻的招手，作别西天的云彩……”

由早期的无意识训练到后期的有意识培养，这对年轻的父母发现，孩子对书籍越来越感兴趣。他们把他带往书店，当看到那一本本散发着书香的图书时，他便高兴得手舞足蹈起来。于是，他们下定决心，一定要抓住孩子喜欢阅读、喜欢书籍的时机，把孩子的早期阅读进行下去，最终养成他爱上阅读的好习惯。

从这个事例中，我们能看出，别看小宝宝有时不“搭理”父母的朗读，很可能，这些诗词语句正一点点地渗透进他们的小脑瓜呢。

霍普金斯大学的研究者们也对新生儿做过一个实验。他们请五十名拥有八个月大孩子的父母配合，在两个星期内，给孩子播放十次录音故事。不同的孩子可能听到不同的声音、不同的故事，故事中都包含着几组常用的词语。两个星期后，奇迹发生了，这些婴儿对曾经听过的词语表现出了更大的耐心和兴趣。

这一系列的实验和实例都说明，对孩子朗读，是有效的，是没有白费的。所以在给他们朗读的时候，不要想着他们是不是听得懂，而应该更多地考虑，自己的朗读是不是声情并茂，是不是充满爱心。因为只有带着感情的朗读，才更容易被孩子接受。

15

让孩子快乐的早期阅读

在一些崇尚自然成长的家长眼里，如果在孩子童年时期给他们安排了太多的阅读任务，那就是在剥夺孩子童年玩耍的权利，因为在大部分家长眼里，阅读就是一种学习任务。

正是因为这种错误的看法，影响了家长对孩子早期求知欲的重视。在这些家长看来，阅读是痛苦的，是玩耍的对立面。实际上，如果父母指导有方，阅读对孩子来说，不仅不是痛苦的，而且还是快乐的。

为什么一定要把阅读当成是一种很枯燥的、乏味的、痛苦的事情呢？如果把阅读当成游戏，孩子不但不会反抗，而且还会喜欢上阅读。

德国早期教育的领先人物留凯尔教授，曾做过相关实验，最后得出结论：孩子的读、写活动是可以从两三岁开始的。两三岁的孩子，并不像那些家长认为的“阅读就是学习任务，是痛苦的”。对孩子来说，阅读可以是一种快乐，因为他们对书里的故事，抱着浓厚的兴趣。

比如说，这两年深受孩子们喜欢的动画片《喜羊羊和灰太狼》，当他们要求父母给他们讲这个故事的时候，他们会有一丝痛苦吗？还有，在父母搂抱着孩子一起阅读故事的时候，孩子的表情，往往是幸福的。而在父母和孩子进行一些“表演阅读”的时候，孩子的兴奋、开心，也是真实存在的。

面对孩子的这种阅读心理需求，做父母的，应该积极加以鼓励和配合，让孩子有更多的机会接触阅读，帮他们保持对阅读的兴趣。如果这时候父母却以“阅读会加重孩子的负担”为由，忽略孩子阅读的需求，那才是对孩子天性的抑制呢。

美国有一位阅读专家曾说过，有一条定律影响着人们的阅读行为，就是享乐定律。“人类是喜欢享乐的。对于能给自己带来快乐的事，人们会自愿地反复去做。我们去自己喜欢的餐厅，点自己喜欢的食物，听自己喜欢的音乐电台，探望自己喜欢的亲戚。反之，对于自己讨厌的食物、音乐及亲戚，我们则避之唯恐不及。这不仅是一条定律，更是一个心理上的事实。”

基于这样一个定律和事实，父母在给孩子朗读或和孩子一起阅读时，应该给孩子传递一种“快乐”的感觉，这种快乐的感觉对于孩子来说十分重要，它有利于建立起孩子对阅读的好感。而这种对阅读的好感，就是为孩子将来的学习兴趣打下基础。

柳梅是位聪明的妈妈，在孩子一两岁的时候，她便和孩子一起阅读。柳梅陪孩子阅读，并没有和其他父母一样，是抱着让孩子认字的目的的。她之所以陪着孩子阅读，就是因为她觉得阅读能带给她和孩子快乐。

柳梅一直喜欢阅读，在没有结婚、没有孩子的时候，阅读就是她日常生活中最好的休闲。她甚至觉得，没有什么比阅读能更让她放松的了。也许正是基于这种原因，在生下孩子坐月子的这段时间里，柳梅就抱着孩子，用轻柔的语气，朗读那些优美的散文。

每个白天的阳台上，阳光透过盆栽和鲜花，洒出斑驳陆离的影子，邻居们总能发现柳梅带着幸福的微笑，抱着孩子，坐在阳台的椅子上轻轻地朗读着。一大一小两个身影，显得温馨又浪漫。

孩子长到一两岁的时候，邻居发现，柳梅的孩子特别乖巧，性格也很柔和、快乐。在大家都说孩子遗传了柳梅的好性情时，柳梅说：“准确地说，应该是她受我阅读的影响！”

阅读能改变性情。当父母不再给孩子施加压力，而给孩子传递一种“阅读 = 快乐”的观点时，孩子的阅读是可以变得快乐的。

可以这么说，良好的早期阅读，不仅不会让孩子失去快乐的童年，而且还可能给孩子开启一个快乐的人生。因为让孩子体验到阅读的“乐趣和快乐”，帮他们建立对书籍的好感，让他们真真正正地、自愿爱上阅读，这时候，对孩子来说，阅读就和玩耍、游戏一样轻松好玩！

16

怎么教孩子早识字

早期阅读，在孩子尚未出生，还在妈妈肚子里时就可以进行了。不过，这种观点也有人反对。所以在对于什么时候教孩子识字的问题上，心理学家们产生了分歧。不过大部分人认为 3 ～ 4 岁是幼儿识字的最佳年龄。当然，这也需要视孩子个人情况而定。

有心理学家指出，如果说 17 岁之前，孩子的潜能发展是 100% 的话，那么在他 4 岁之前，潜能发展就占了 50%，4 ～ 8 岁占 30%，8 ～ 17 岁占 20%。

由此可见，0 ～ 8 岁是孩子各种潜能发展的最高峰。不过，孩子的记忆潜能，在 3 岁是最高峰。因此可以得出结论，3 岁左右的孩子，能够更深刻地记住所看、所学的东西。既然如此，如果让孩子在这个时期科学地识字和阅读，自然会起到事半功倍的效果。

我们知道，孩子的求知欲最旺盛是在4岁左右。在这期间，父母如果为他们提供可以学习的环境，促使他们主动学习，满足求知欲望的话，对孩子的兴趣发展很有好处。

另外有研究表明，5岁多的孩子能学会汉字的大部分笔画，并且还能运用笔画分析字形和书写。其次，6岁之前是孩子大脑发育的最佳时期，如果在此期间学习的话，可以促进孩子大脑皮层的发育。

以上几方面都说明，孩子在3岁左右开始读书识字，是有百利而无一害的。

不过，对于6岁以下的孩子，父母既不能错过让他们阅读、识字的良机，也不能盲目用“填鸭式”方法“逼”他们阅读识字，否则过犹不及。总之，引导孩子早期阅读和识字，既不能过早，也不能过晚，更不能过度。一切都要在他们自愿接受的基础上进行。

那要如何教孩子识字呢？

教孩子识字最主要是要有耐心，切忌急躁。父母在教孩子识字时，应该以引导为主，不能强迫他们一定要多长时间认识一个字。如果到规定时间孩子还认不出的话，就对其不停呵斥，这很可能会让他们对识字产生恐惧，进而不愿意识字。所以父母尽量在孩子需要识字时再教他们，顺其自然，尽量满足他们的求知欲就行了。

孩子的好奇心很重，不管在什么环境下，比如走在街上、商场里，甚至在站台等车时，那些出现在孩子眼里的字，都有可能激起他们的兴趣，他们想知道那字念什么，怎么念。这时候，就是父母教他们识字的最好时机，因为当他们自己产生需要的时候，他们的心情就会舒畅，学习效果自然比平常好。所以说，父母应该“趁机而教”。

教孩子识字的方法有很多种，下面推荐几种办法，供父母们参考：

1. 为孩子创造一个识字的环境。

在前面一章，我们分析了孩子阅读环境的重要性，识字既然作为阅读的一方面，“识字环境”自然也非常重要。让孩子尽量多地接触到文字，是孩子识字的前提。

在现实生活中，其实我们随时随地都会接触到大量的书面文字，比如说电视里的广告文字、食品包装袋上的彩色文字、快餐店的招牌、路边的路牌……这些，都构成了孩子良好的识字环境。

有了如此好的环境，父母只要利用好就行了。比如看到来来往往的汽车，就教孩子学“车”这个字，而且还可以延伸到汽车、火车、卡车、警车，等等；看到树就学“树”，随即延伸到杨树、柳树、松树、大树，等等。这样，一方面可以利用这些汉字的环境效应，通过身临其境的感受来加深孩子对汉字的理解；另一方面，还能培养孩子爱观察、爱提问的好习惯。

此外，父母也可以自己创造适合孩子认字的环境，比如可以在冰箱上、电视上贴上写着“冰箱”、“电视”这些汉语和拼音的纸片等。这些有意识的动作会让孩子对每天接触到的东西产生字面的理解，从而加深印象。

2. 利用图画故事书来教孩子识字。

父母在给孩子讲故事、看图画书的时候，可以一边点着书上面的字，一边给他们念。也可以把图画上、书本上的故事情节讲给孩子听，同时出示字卡，让他们在理解情节的同时记住汉字。有时候，父母可以先反复给孩子讲他们喜欢听的故事，直到他们能将故事表达出来，然后再拿起书，和孩子一起根据上面所标的字音念给他们听，并指出字形特点，加深他们的记忆。

这种教法，父母切记一定要按照文字的顺序，手指指准哪个字，眼睛就要看哪个字，并且此时孩子的注意力一定要集中。

在每个有孩子的家庭中，识字卡肯定少不了，所以当孩子有了一定的识字量后，爸爸妈妈可以使用提字的办法。比如说：在给孩子讲的故事中，如果提到了“狼”，就让孩子把“狼”字从识字卡里取出来。然后又可以问孩子：“狼吃什么呀?”孩子说：“吃羊!”然后再让他们把“羊”字找出来。甚至还可以让他们拿着识字卡，再从故事书里把“狼”和“羊”找出来。如此反复几次，孩子肯定对这两个字就牢记在心了。

3. 用识字卡片教孩子识字。

识字卡是很多家庭都必备的“识字”教材，不过，没多少新意的识字卡，很可能破坏孩子对文字的兴趣。所以有时候，父母可以别出心裁地自制一些图文并茂的识字卡片。自制卡片的时候，还可以让孩子参与进来。这不仅会锻炼他们的动手能力，对他们识字也有好处。

当累积了很多识字卡片的时候，就可以经常和孩子们做做识字、组字的游戏了。让他们拿上单个的“字”，和其他“字”组成词。这样孩子学得轻松，父母教得也轻松，更重要的是，能加深孩子对汉字的印象。

4. 做“动作”，学识字。

父母可以通过做动作来让孩子识字。比如说，父母在给孩子穿衣服的时候，就可以拿出写着“穿”字的卡片，然后做“穿”的动作，做完后再让孩子也做“穿”的动作。这样孩子既锻炼了身体，而且还动了脑筋，这对他们以后阅读时的想象力很有好处。

5. 利用儿歌学汉字。

通常那些朗朗上口的儿歌、诗歌，都是孩子喜欢并且容易接受的。父母可以借此先教孩子们念儿歌，然后让他们把喜欢的儿歌背出来，随即再慢慢地把儿歌里的汉字一个一个地教给他们。甚至也可以利用一张张的单个识字卡，让孩子把一首首儿歌和诗歌拼凑出来。当孩子用一张张卡片凑成了一首歌时，父母就可以奖励他（她），夸奖他（她），这样，面对自己的“成果”，孩子们自然会产生成就感。

6. 用“找朋友”的方法识字。

我们知道，汉字中有很多字都是非常接近的，他们之间的区别很小。为了让孩子认识字而且能知道他们之间的差别，可以利用找相像字的方法来识字。比方说，在孩子认识了“人”字后，就可以再教他们“入”字；在孩子认识了“青”字后，可以再教他们认“清”字。当然，用这种找“相像字”法，家长一定要有耐心，因为这些小区别，很可能在孩子那里就成了大问题。所以在教的时候，父母可以拉长教授的时间。一次没分清，没关系，先放下，下次再拿起来教。千万不能有“不学会不让你去玩!”“不学会不准睡觉!”等惩罚方式。惩罚很容易让孩子产生恐惧厌倦心理，这样他们也就更加记不住了，而且也会对他们的心理造成很大阴影。

知道了这么多“识字”方法，父母们在教孩子识字时，肯定也就游刃有余了吧。

第三章

阅读是保赚不赔的投资

为孩子打造良好的阅读环境

在充满书香的环境中成长，孩子阅读的兴趣和能力自然会得到提前发展。父母除了给孩子多买书籍以外，还要以身作则，放下手机，关掉电视和电脑，陪着他们一起阅读。阅读是“低投入，高回报”的投资，是对孩子最有价值的投资。

17

别让电视霸占了阅读的时间

现在小孩的学习环境是越来越好了，学习资料、辅导班等，真是应有尽有，但很多孩子就是学不进，注意力集中不起来。这是什么原因呢？

除了缺乏学习兴趣外，一个重要的原因就是他们的心静不下来，脑子里乱七八糟的东西太多。他们看不了几分钟书，就想看电视、上网，给同学打个电话或者干脆出去玩。而出去玩又容易被父母发现，最好的办法就是看电视。看电视又怕被父母察觉，看得担惊受怕，一有风吹草动，马上就把电视机关掉，等到父母进来，他们已经在认真看书了。

不过现在的父母经验也很丰富了，回来一摸电视机，发现还是热的，自然怒火中烧。脾气躁的，拿起棍子就打；舍不得打的，就又是一顿痛骂。作为一个学生，静不下心来看书，怎么能把书读好呢？

自从有了电视，人们的生活就发生了很大变化，足不出户，就可以欣赏满世界的精彩了。然而，电视的出现，也给我们的生活带来了很多负面影响。比如说，没有电视的年代，人们为了了解外面的世界，就会去读书看报，但现在，读书看报的时间都被看电视占了，特别是孩子，一回到家里，除了做功课就是看电视，严重影响了他们的阅读能力。而且更为严重的是，经常看电视，有可能使孩子的想象力停滞不前。

王晓是一家幼儿园的老师，有一次，她问孩子们有谁看过迪斯尼经典动画《白雪公主》，全班的小朋友都举起了小手。然后王晓就让小朋友们描述一下白雪公主的形象，结果，孩子们所描述的白雪公主几乎一模一样。王晓问他们，你们怎么知道白雪公主长这样的呀？小朋友们都说，电视里放的。

王晓心里有了隐隐的担心，因为她记得，在她小的时候，幼儿园老师也曾问过他们同样的问题。那时班上的小朋友，个个争先恐后地把自己心目中白雪公主的样子说出来，基本上每个小朋友所描述的都不一样。原来，他们所知道的白雪公主，有些是听父母在故事里讲的，有些则是在书中看到的。

没有了屏幕上的具体形象，孩子们便会根据自己的理解，尽情发挥想象力。随着他们阅历的增加，白雪公主在他们心中的形象也会不断丰富，不断变化。可如今，很多儿童剧为了迎合孩子的思路，做得比较简单，孩子们就会认为某个童话人物本来就长成这样的，这样一来就会固化他们的思维。

很多东西，是要靠孩子们去想象，去领悟的，如果看多了直观的电视或者动画，孩子们就会形成固定的思维方式，这样会大大削弱他们的想象力，以后想再提升到另一个高度就困难了。

有些人肯定要说了，现在孩子多聪明呀，什么都知道，连家长都被回击得哑口无言呢。当然，这是电视发挥了一部分作用。确实是，孩子们好像一个比一个能言善辩了，他们知道的东西好像很多。但这些，无非是些资讯，不一定是孩子真正的智慧体现。知识不是承载生命的载体，智慧才是。

有些资讯，虽然是快餐式的，也还算是好的，但最可怕的是那些毒害青少年的节目，那些导致他们失去进取心、失去探索精神，甚至堕落的节目。难怪有人说："垃圾电视等文化节目才是毁灭一个国家毁灭整个世界的第一武器。"美国教育家杰姆·特里来斯认为，电视电脑的影像会影响孩子的专注度，每天坚持三个小时左右时间看电视电脑的孩子，他们的阅读能力会降低。

为什么会这么说呢？阅读和电视节目，有哪些不同之处呢？

一是阅读需要长时间保持精力集中，而电视节目是片断性的，它不需要孩子长时间去集中注意力。

二是阅读需要孩子自己主动去吸收信息，而看电视只需要被动地接受信息。

三是孩子在阅读时，脑子里会有很多为什么，这些为什么可以在阅读中找到答案。而电视却没有给孩子提问和思考的机会，结果很快就出来。

四是和阅读比起来，电视传授的词汇量是很少的。优秀的儿童书籍所使用的语言的复杂性，通常是电视的两倍。所以阅读带来的知识量，远比看电视丰富。

五是阅读的过程是不断发挥自己的想象力、去体验书本所描述的意境的过程，这是一种高层次的享受。而电视的直观画面，大大限制了孩子的想象空间，它虽然满足了孩子感观的需要，但却难以产生深刻的影响。

另外，电视还有一个缺点，就是它剥夺了孩子和家人沟通交流的机会。据调查，大多数孩子，有一半的时间都在看电视。而看电视的时候，不管是大人还是孩子，都是不说话的。由此可见，电视对孩子阅读所造成的冲击力是多么大。

为了孩子的阅读和成长，大人应该让孩子有节制地看电视。至于应该节制到何种程度，美国小儿科医学会给出了一个建议。他们说，两岁以下的孩子不应该看任何电视节目，因为这时的孩子，脑部发育必须通过与人或物体产生互动所得，不能光靠被动接受电视传达的信息。而对于一些大点的孩子，一周之内，看电视的时间也要限制在十个小时以内。

有一个调查显示，当孩子一周之内看电视的时间控制在十个小时以内时，他们的学习不仅不会受到影响，而且还会有帮助。但如果超出了这个时间，孩子的学习成绩会下降。

对于怎么妥善处理孩子看电视的问题，最有效的方法就是让他们养成爱阅读的习惯。当一个孩子感受到阅读的快乐，那么他就可以把看电视的时间，放在阅读上。

另外，可以在家里制定一个计划表，比如每天只能看多长时间的电视，只能看哪几个频道，只能看哪几种电视节目。超出这个计划，孩子必须花几个小时来做功课、阅读和玩耍。这个计划表的安排，可以征求孩子的意见。在孩子阅读的时候，父母最好也和孩子一起阅读，要知道，榜样的力量是无穷的。孩子在安静地阅读，而父母却坐在一边嘻嘻哈哈地看电视，这样的父母是没有说服力的。

18

从网络阅读中走出来

20 世纪七八十年代出生的人，以及更早一点的我们的父辈，我们这一代人的儿童少年时期，最快乐的事莫过于有一本好书可以读。记得多少人在看路遥的《平凡的世界》时，激动得热泪盈眶；看罗贯中的《三国演义》时，痴迷得手不释卷；看三毛的《撒哈拉沙漠》时，身心都跟着她的文字在行走……还有那在街边摆放的小人书摊，那能为我们答疑解惑的《十万个为什么》……总之，那时候，阅读仿佛是快乐源泉，能带给我们无穷的乐趣。

然而，如今科技的飞速发展，电脑网络的出现，让很多孩子已经不能再体会到阅读书籍的快乐了。一些孩子整日沉迷于网络中，把读书这种传统的学习方法丢在了一边。

《中国儿童早期阅读报告》中曾经说道："与大众传媒的广泛接触，造成了读写时代与视听时代的冲突。成年人在读写的时代长大，孩子们在视听的时代长大，文化的传播方式与接受方式都发生了历史性的变化。"的确如此，网络的出现，让人们的阅读方式和接受方式都发生了很大的变化。不管是大人还是孩子，很多时候信息的获取已经变成在网上进行了。

网络的便捷，使孩子们不愿意花更多时间去查阅资料，而是直接"百度"。当然，如果孩子们上网仅仅只是为了查阅资料，那还好，但令人担忧的是，越来越多的孩子喜欢上了玩电脑游戏。由于长时间地沉溺于网络游戏，孩子们的语言、情感、思维、想象力等都会受到影响，时间长了，视力还可能受到伤害。

有些孩子即使喜欢阅读，他们也只喜欢在网上读书，因为现在网络看书除了比较便捷外，还能给孩子们带来很大的乐趣。比如一些有声阅读等，它们能充分将声音和影像融合，使阅读变得更加有趣。

不过，网络阅读和传统阅读虽然都是阅读，但网络阅读却是绝对不能取代传统阅读的。纽约大学的教育历史学家黛安·瑞维奇曾说过："网络的性质是鼓励人们浏览，在信息间跳来跳去，或仅是阅读部分信息。这就类似按电视遥控器，得到的只是很多未经选择过滤的节目一样，这样的情形无法教育人们专心、尽力，或培养坚持到底解决困难的决心。"

如果大家做个试验，对传统阅读和网络阅读进行一番比较就会发现，网络阅读后，内容很快就会忘记，记忆也不深刻。而且这种快餐式的阅读方式，很容易让人变得心浮气躁，无法静下心来看一些有内涵、深刻的东西。

传统阅读和网络阅读不一样，传统阅读会有多变的阅读方式。对于一些年龄较小的孩子来说，父母可以朗读书本的内容给他们听，期间可以一边朗诵，一边和孩子交流。对于他们不懂的问题，父母可以引发他们思考。

对于年龄较大点的孩子，他们在默读的时候，很容易进入作者的情绪中，能和作者进行互动、对话。简单地说，传统的阅读，不仅仅能让阅读者接受一种信息，而且也能让阅读者变成一个参与者。边阅读，边参与，参与到作者所虚构的故事情节里去，参与到作者所营造的气氛中去。这对培养孩子的情商、表达能力、思维能力，都是非常有好处的。

静止的文字因为留有反复分析、思考的空间，所以能够培养孩子的想象力和创造力。虽然电视、电脑中的影像更为生动、逼真，但因为过于丰富，反而缩小了孩子们的想象空间。所以，如果在孩子们小的时候，父母就注意到这个问题，帮他们养成阅读书籍的好习惯，那么，他们就不会那么容易沉迷于网络了。教育家苏霍姆林斯基曾说过："让孩子变聪明的方法，不是补课，不是增加作业量，而是阅读、阅读、再阅读。"

传统阅读的好处，我们在第一章已经说得很清楚了。如果我们把网络称之为一种快餐文化的话，那么书籍就是沉淀了的深刻文化。不过，传统阅读和精彩刺激的游戏及网络相比，还是显得有些枯燥。但只要家长方法得当，给孩子们创造一个良好的阅读环境的话，是完全可以让他们在科学合理地利用网上资源的同时，做到上网和学习、阅读两不误的。

在孩子还小的时候，他们的自制力较差，如果家长们放任不管的话，他们很容易深陷其中，玩起来也就没完没了。所以家长们可以限制孩子的上网时间，给他们制定出学习和传统阅读的时间。这个规定，家长们一定要严格执行。在孩子上网时，不要去打扰，但当上网时间到了的时候，就一定要让他们停下来，走出网络，进而认真学习和阅读。

此外，家长们还要以身作则，给孩子树立一个好的榜样。现在很多家长不让孩子上网，但自己却喜欢上网，而且还沉迷于网络游戏和聊天视频不能自拔。这样很容易让孩子照样学样。这时家长再限制孩子上网，他们肯定会产生抵触情绪。所以说，家长要做个好榜样，在孩子们学习、阅读的时候，也要严于律己，最好陪着他们一起学习和阅读。

19

教孩子体会阅读的快乐

我们知道，文字能给我们带来无限的想象空间。当我们拿起一本书阅读时，书中出现的每个场景、每个人物都会变成一种图像，出现在我们的脑海里。而我们对于作者所要表达的意思和所要抒发的感情，也会产生一种感同身受的感觉。这就是文字的魅力。

有句话说："一千个读者眼里，有一千个哈姆莱特。"意思是说，不同的人在看同一个故事时，对里面的人物会有自己的理解，自己的看法。这就是文字的神奇之处，它能激发读者无穷的想象力。在这种想象的过程中，我们的心情是快乐的，精神是愉悦的。同理，如果给孩子选对书籍，孩子也能在阅读的过程中感受到快乐。

专家们曾说，孩子早期阅读的意义在于让孩子们从书中获得快乐。这种快乐会让孩子们自然而然地喜欢上书籍，并懂得从书中寻找快乐和趣味。当阅读能让孩子感到快乐时，那么，书籍对孩子来说，就是一个充满阳光雨露的精神家园，就是一艘能带他们自由翱翔的宇宙飞船。

当孩子还是幼儿的时候，他们喜欢看，也能看得懂的大概就是图画书了。图画书中的人物、动物慢慢都会变成他们的朋友，他们陪着那些人物、动物快乐、欢笑、伤心、流泪，体会着故事里角色的人生。

可以说，图画书是孩子们人生中的第一本书，是可以不由父母朗读，他们自己看着画面就能看懂的书。所以有专家说，孩子能否从他们的第一本书中体会到快乐，对他们以后是否喜欢上阅读，影响很大。因为儿时的阅读感受，会深深刻在他们的脑海里。

当孩子拿到一本图画书后，即使父母不加以解说，孩子都有可能从那些图画中，了解故事的大概内容。如果有父母在旁边陪着阅读，那么孩子们的阅读就更加轻松愉快了。所以，图书的选择，一定要适合孩子年龄的特点，当孩子年龄还小时，尽量选择孩子兴趣范围内的图画故事书，图书最好充满图案和色彩。

孩子其实天生都是爱书的。他们爱书，有着自己的方式。比如我们看到一些小孩，他们看到一本书时，就会去抢。抢到手时，胡乱翻翻，没过几分钟就扔在了一边。他们或许会把书当成一个玩具，拍书、打书，甚至还会撕书。

家长们看到这种场景肯定会很失望，以为他们不喜欢书；还没到看书的年龄。其实不是这样的，让小孩意识到书是书，而不是玩具，需要一个过程，需要家长去指导。

当孩子们慢慢长大了，有些家长又会觉得，以前老喜欢抱着书的孩子，怎么一下子好像不爱书了？瞅都不瞅一眼。其实，家长们不知道，孩子不“碰”书了，很可能是那些书籍已经吸引不了他的兴趣了，或者他的读书热情被家长打压了，他们想要探究书中快乐的愿望没有得到保护，所以便有些“心灰意冷”了。

所以只有让孩子体验到阅读的快乐，才能让他们喜欢上阅读。当然，要想让孩子们爱上阅读，首先就是和孩子们一起“玩书”。父母不能要求一个幼儿像大人一样认真、坚持地阅读，更不能用强迫的方式让幼儿专注于一件事。父母能让孩子对一件事产生兴趣，并喜欢上它，需要的是趣味引导。

要想让幼儿爱上阅读，并从阅读中感受到快乐，从而让阅读变成生活中不可或缺的一项乐趣，需要父母“各施技巧”。下面介绍几种方法，供家长们参考：

1. 自制图书。

为了让幼儿喜欢上阅读，很多父母选择的是给他们买图书。其实如果有时间的话，不妨带着孩子一起自制图书。可以让孩子自己画图，父母在旁指导。

对于图书内容的选择，可以找一些图书做参考，也可以让孩子发挥自己的想象力，画自己想画的故事和情节。或者可以把一些废旧图书收集起来，把需要的内容用剪刀剪下来，然后和孩子一起编故事，做成一本新的故事图画书。

当孩子们在阅读这样的书时，就会有一种成就感。同时，在制作图书的过程中，他们的想象力、语言表达能力、逻辑思维能力都会有所提高。

2. 另类阅读。

父母可以和孩子一起营造另类阅读。比如在房间的角落，除了种植一些植物，或者放上一瓶鲜花外，还可以同时设置一本“观察记录本”，引导孩子每天尝试写观察日记。写的时候，可以让他们采用文字和绘画相结合的方式，把放置的植物及鲜花的变化记录下来。每天记录的时候，要先翻看头一天的记录情况。久而久之，这种别样的“阅读”方式便成了孩子每天必不可少的活动内容，就像他们需要水和食物那样自然，这就在不经意间逐渐养成了他们自觉阅读的习惯。

3. 角色扮演。

表演阅读，让孩子们对书中的人物进行角色扮演，可以让孩子们的阅读变得鲜活生动起来。找一本适合孩子看的图画故事书，或一篇童话故事，或者干脆自己编一个故事，并设计出一个可以在家里表演的童话短剧。让孩子一起来参与设计、布景、准备道具。孩子们在做这些准备的时候，其实也是一种阅读过程。孩子们在阅读“剧本”的时候，可以引导他们用动作、语言等形式将画面内容表现出来，对故事的重点情节或细节加以大胆独立地表现，将静态画面与动态体验结合起来。这样就能促使孩子在玩的过程中将阅读加以内化，让他们在轻松快乐中享受阅读的乐趣。

4. 复述生活。

生活中有许许多多的事情值得我们去复述，去回味。如果父母能够有意识地让孩子将那些美好的、好玩的、有趣的瞬间用自己的话说出来，并由家长们原汁原味地记录下来，然后说给孩子听，其实这也是一种阅读。

早在春秋时期，孔子就曾说过“知之者不如好之者，好之者不如乐之者”，也就是说，阅读一定要建立在感兴趣的基础上。让孩子们快乐地去读书，愉快地获取知识，对孩子们良好阅读习惯的养成非常重要。

20

怎样陪着孩子一起阅读

父母，是孩子最重要的老师。当父母带着孩子开始阅读的时候，也就等于为他开启了一扇通往精神世界的大门。所以陪着孩子阅读很重要。不过，陪孩子阅读，也是需要一些技巧的。

如果孩子还很小，在读书时，就可以把他拥在怀里，或让他靠坐在膝前。这样，整个阅读过程就更加显得亲密无间、其乐融融。

父母在给孩子朗读前，最好先告诉孩子这本书书名是什么，作者是谁，哪里出版的，什么时候出版的，插图是谁画的。这些小细节，对孩子以后正确阅读习惯的养成很有好处。

给孩子朗读时，父母要尽量绘声绘色，把狼的凶狠、狐狸的狡猾、小公鸡的骄傲、大白兔的胆小等都表现出来。这对孩子来说，情绪的感染比讲道理更为重要。如果孩子自动地跟着父母念，那就再好不过了，这是帮助孩子发展书面语言的良机。

在给孩子朗读的过程中，还要让孩子认真看插图，并不时指着插图提出各种问题让他们回答。陪孩子读书的同时，万万不能忘记培养孩子的观察力和想象力。

阅读时，在一问一答的过程中，孩子会受到启发，会向父母发问，讲他们自己阅读后的感受。这时候，不管孩子的提问多么幼稚，父母都要耐心听他们说，并详细为他们解答，不要有烦躁情绪，更不要为了阅读而阅读。孩子提问题，是对他们智力与言语表达能力的锻炼，一定要多加鼓励和支持。

至于什么时候读书给孩子听，读多少，均可视情况而定，只要孩子愿意听，不必嫌多，更不要怕重复。只要孩子喜欢，相同的一本书是可以不断反复翻看的。

陪孩子阅读，可以采用如下方法：

1. 用手指点文字。

当父母教孩子读书的时候，可以跟随着孩子的阅读速度，用手指指着文字给孩子看。这样，一方面可以培养孩子的阅读节奏，另一方面还可以养成他们从左到右、从上到下的正确阅读习惯。

在阅读中，如果遇到一些特别的字或词，父母可以用手指指着这个字、词，给他们分析这个字、词在文章里的意思。通常情况下，孩子会最先认识自己名字里的字，这样在阅读过程中，如果碰到这个字，父母就可以特别指出这个字，顺便给他们讲这个字在不同行文中的意思。因为和自己名字有关，孩子一般会表现出极大的兴趣。

以此类推，许多在别的场合见过的字或词都可以这么反复对孩子讲。孩子见得多了，也就能逐渐认识更多的字，领会更多的词义了。

2. 新故事的“预习”工作。

有些家长可能有这种体会，当孩子拿到一本新书的时候，尽管他很喜欢书里面的图案，也很喜欢那个故事，但却不大愿意大声地读出来。主要原因很可能是害怕在爸爸、妈妈、爷爷、奶奶面前丢丑。

解决这个问题的方法就是，在孩子阅读一本书之前，父母先和他一起“预习”。通俗点讲，就是先把故事的大概内容讲给孩子听，让他先知道这本书是说什么的。如果是图画书，就可以先根据图片上的画，给孩子讲一讲故事情节，甚至根据图片，向他提出问题，让他来回答。

比如问：“你看看，这只小鸟在干什么呀？它为什么要哭呢？”这时候，孩子会通过自己的生活经验或思考来想象这幅画背后的故事，然后告诉家长答案。不管孩子讲的对不对，家长都要先夸奖夸奖他，然后再对他的回答进行纠正或补充。随后可以说：“等你仔细读完这本书，你就知道了！”这样可以调动孩子阅读的兴趣和积极性。

3. 不要操之过急。

当孩子刚刚学会大声朗读时，不要让他读太难的书。因为如果他在阅读时，发现十个字当中就有一半不认识，就很容易对这些困难产生沮丧感，进而丧失阅读的信心，对阅读产生畏惧心理。因此，可以给孩子找一本字词简单，而且这些字词重复出现的书。这样，孩子就会越读越有信心。这种同一个句段不断重复，只是更换一些简单字词的简易阅读，对幼儿和学龄前孩子的阅读启蒙，效果非常好。

另外，如果孩子喜欢反复阅读一个故事，父母也不要担心，觉得孩子的阅读量不够，不利于提升孩子的阅读能力。其实，这种反复阅读恰恰能够增强孩子对阅读的自信心。有机会的话，家长还可以鼓励孩子给亲朋好友讲他朗朗上口的故事，让他在众人面前小小地炫耀一番。当他得到大家的鼓励与夸奖后，对阅读就会表现出特别大的兴趣和积极性。

4. 帮助孩子对付生僻字词。

生僻字词是孩子阅读的最大障碍，家长可以想一些办法，在减少这些障碍的同时，教会他怎么更有效地认识这些字词。比如说，在和孩子一起读书的时候，遇到了不认识的字词，可以让他暂时先跳过这些字词，读后面的内容。等到这一段看完了，然后再返回来，问问他这个字词在这里是什么意思。

孩子在思考的过程中，很可能会结合前后的句义或者是词组中他认识的字，猜出生僻字的词义来。如果他没有猜出来，父母就可以认真地教他，这个字或词怎么念、是什么意思，日常生活中什么时候会用到它等，以此加深他们的印象。

在孩子自己阅读的时候，也可以让他用这种暂时忽略和跳过的办法，不要让他们的阅读积极性和动力因为不认识的字词而受到打击。

家长要明白，这个时期的阅读，最重要的目的是阅读效果的体验和阅读兴趣的培养，而不是对单个字词的认识。

5. 读书时要专注。

这里所说的“专注”，不仅要求孩子阅读要专注，更要求家长在陪读时要专注。孩子阅读时专不专注，很大程度上受家长认真程度的影响。因此，虽然我们强调，如果家长每天能陪孩子一起读半个小时的书，那将是最理想的，但是，如果家长在这半个小时中不够“专心”，总是被一些事情打断，比如一会儿打电话，一会儿去收衣服。那这样断断续续的效果，还不如集中精神、全神贯注的十分钟陪读的阅读效果来得更好。

需要强调的是，父母如果在阅读时表现得很认真，很专注，孩子见了，也会对阅读重视起来。如果父母在阅读的时候，表现出心不在焉、无聊厌倦的态度，那么这些态度是会影响到孩子，让他觉得，阅读是件特别没意思的事。这样一来，他对阅读的态度就会变得松懈、不积极。

陪孩子读书，其实就是在培养他阅读的状态和心态，甚至是一种做事的态度。所以说，父母在陪孩子读书时，最好能够腾出一块不被打搅的空间和时间，可以专心地和孩子们一起阅读。

6. 读书也“聊”书。

在陪孩子读书的过程中，父母还可以趁机陪他“聊”书。所谓“聊”书，就是和孩子一起聊书里的故事。

实验证明，和孩子一起聊书里正在读的故事，能够提升他们的词汇量、理解能力和会话能力。在和孩子一起读故事的时候，家长可以适时停下来。比如在看《小红帽》这个故事时，当小红帽到达外婆家，并不知道躺在床上的不是外婆而是大灰狼时，父母就可以问问孩子：“你觉得下面会发生什么故事呢？小红帽会不会发现那是狼扮的外婆呢？”等。或者还可以在孩子读完了一个完整的故事后，和他讨论故事中的一些情节，或者让他说说读完这个故事后有什么想法等。

这些方法都能够促进孩子对故事内容的理解，同时也能提升孩子的成就感，从而增添他们的自信心。有了这些陪孩子阅读的好方法，不管是父母还是孩子，一定都能对阅读产生特殊的喜爱的。

21

把书籍当礼物送给孩子

美国前第一夫人芭芭拉·布什曾撰文说："给孩子读书是一种最好的教育方式，它是家长送给孩子的一件终生享用的最佳礼物。"阅读是一种快乐的生活方式，这种生活方式不仅能帮孩子养成良好的学习习惯，而且还能使孩子的心智越来越成熟，使他们的人格越来越健全。

既然书籍这么重要，家长在大方地给孩子买玩具、买零食当做礼物的时候，为什么不把书籍当成礼物送给他们呢？

生于20世纪六七十年代的人，大多都会有这种体会，在他们很小的时候，每年的六一儿童节，如果能收到一套连环画版的《水浒传》或《西游记》，那就是最开心最开心的事了。那时的很多孩子，因为没有钱去买更多的书，便互相借着看，甚至挖空心思想着去别人家，目的就是看书，看得完全着了迷，赖在别人家里不肯走。还有一些孩子，自己省吃俭用，把吃早餐的钱都省下来了，为的是能在小人书摊上买一本自己喜欢的小人书。

在物质匮乏的年代，人们想方设法多读一本书，可现在呢？物质倒是丰富了，但孩子们看书的热情好像没有了，其中一个重要的原因就是，他们用来打发时间的东西太多了。

现在的孩子们，他们可以阅读的图书应有尽有，而且还有电视和网络可以选择。网络和电视的丰富多彩、直观形象，更是让他们渐渐轻视了图书阅读，因为与前两者相比，阅读不是一件轻松好玩的事情。所以现在的孩子们似乎更喜欢看电视、上网、看网络小说、玩电子游戏。阅读传统纸质书，在他们看来是一件费力的事情。

然而，电视和网络传递的是一种信息咨询，是一种快餐文化，营养价值比书籍逊色很多。所以，试图用电视或网络这些较为现代的工具来获取精神食粮，是行不通的。孩子们要获得健康成长，就应该多阅读书籍，阅读经过考验沉淀下来的优秀书籍。

可现实却是，随着生活水平的提高，家长们送给孩子的礼物越来越贵重，这些礼物五花八门，但大多都以食物、衣服、玩具为主。实际上，如果家长们把送给孩子的物质礼物，换成精神食粮——书籍的话，一定会起到意想不到的效果。

想想看，再贵重的玩具，孩子们玩上几天后便可能失去兴趣，甚至在玩上十天八天后，玩具就变成了一堆废品。但是图书却不一样，图书不仅可以让孩子们反复阅读，即使目前不想看了，还可以存放在书柜里，既不会过期，也不会过时。等到长大后，看到自己存留下来的书籍，也是很有纪念意义的。

台湾小鲁文化出版社的社长陈卫平先生在回忆他小时候时说，他当年收到父亲最多的礼物，就是书籍。也许正是因为这些原因，他的阅读量比别的孩子大得多，考试成绩也比其他孩子好，常常还能轻轻松松地拿高分。

不过，在他十三岁的时候，他的父亲就去世了，留给他的，只有满满一屋子的书。父亲的去世，让陈卫平和母亲的生活陷入了困境。后来，他的母亲带他去算命。算命先生说："这个孩子的父亲给他留下了不少家产。"当时他母亲觉得算命先生在骗人，明明丈夫没有给自己和儿子留下任何财产。

后来，因为阅读过大量的书籍，陈卫平的学习成绩一直非常优秀。硕士毕业之后，他曾尝试过很多行业，最后发现最喜欢的还是图书，于是便成立了小鲁文化出版社，并取得了很大的成功。

后来，陈卫平先生说，算命师傅虽然只是一句信口开河的话，但未必没有道理，他的父亲确实给他留下了丰富的遗产，而这些遗产，就是那满屋子的书籍。

从陈卫平的事例中我们可以看出，家长如果把书籍当礼物送给孩子的话，是可以对孩子的一生产生深远影响的。

此外，把书作为礼物还有其他一些特殊意义。比如说，当家长把书籍当成礼物送给孩子的时候，孩子们可能就会觉得自己受到重视，成长为大人了，能够看得懂书里的故事和内容了。这对孩子来说，很可能就是一种无形的认可和鼓励。这种认可和鼓励，又很可能会转化成孩子们学习和生活的动力，帮他们树立了自信心，促使他们学习成绩快速提高。

同时，如果父母常常把书籍当成礼物送给孩子的话，还有助于培养孩子的阅读习惯。一本新书来了，孩子们总会翻翻看的吧。这个翻的过程，看的过程，也是阅读习惯养成的过程。

把书籍当作礼物送给孩子，也许对孩子来说，算不上是很有创意的礼物。但把书籍当成礼物这个举动，却可以使孩子对这份礼物有了渴望，有了期待。这种期待无疑可以激起孩子对书籍的好奇心。

这种把书籍当成礼物送给孩子的方式坚持久了，无形中也会让孩子意识到书籍的重要。而且当那一份份礼物（书籍）堆积起来后，毫无疑问地，好的阅读氛围差不多也开始形成了。

好的氛围，能让孩子更爱书，更懂读书。而对书的喜爱，会让他们珍惜故事里的每个人物，每个情节。这时，他们认真阅读起来，也就避免了和其他小孩子一样，只是走马观花式地浏览，一目十行，只看故事情节，而不肯细细品读文字了。

所以家长们可以定期给孩子们送上一本书籍，作为他们的礼物，还可以将书籍当成奖品奖励给他们。比如说孩子这段时间表现得比较好，或者做了一件什么好事，获得了大家的表扬。等孩子习惯了这种礼物后，也就可以让孩子像期待生日礼物一样，期待着一本好书的到来了。

当然，父母在把书籍当做礼物送给孩子时，要根据孩子年龄的变化、成长的需要，选择适合他们的书籍。这样孩子在快乐阅读的过程中，也就能慢慢接触和自己年龄相符的知识，一点一点地成长起来。

22

和孩子分享有趣的故事

在我们的周围，有一些家长，他们也知道书籍对孩子的重要性，所以会给孩子购置一大堆的识字卡片、儿童故事、唐诗、绘本等。但由于工作忙碌，他们无暇陪孩子阅读，只是把书扔在一边，让孩子自己去翻。一堆一堆的书，看似重视了孩子的阅读，给孩子创造了阅读环境，但实际上却是白费工夫。

因为对年龄比较幼小的孩子来说，他们的理解能力还不够，即使家长为他们挑选了他们喜欢看的经典故事，比如《西游记》、《哪吒闹海》、《白雪公主与七个小矮人》等，但如果没人和他们分享这些故事，他们就会囫囵吞枣，无法消化，或者根本看不进去。

孩子们都有一个心理特点：对于自己喜欢的东西，都喜欢重复去看、去玩，听故事、讲故事也是一样。当代儿童文学家秦文君说："幼儿期的宝宝最喜欢一遍又一遍地讲述同一个故事或看同一本书。这表明孩子对书籍有着真诚的爱恋，爸爸妈妈们可要认真对待这个现象哦！"所以说，只要孩子愿意，父母就应该尽量满足他们的要求，要不厌其烦地、一遍一遍地讲给他们听。

父母给孩子讲故事，当讲到一定程度的时候，也可以反过来当听众，听孩子讲故事。当孩子给父母讲故事时，父母千万不要因为孩子缓慢的表述、没有逻辑的故事情节而表现出厌倦和不耐烦的情绪，而应该无论孩子将故事讲多少遍，即使家长的耳朵里真的已经听出了茧子，也要表现得好像是第一次听一样，带着新鲜感和好奇心，很认真地听。期间，还可以时不时地发问。这个过程，虽然是家长在给孩子提问题，实则是家长在诱发孩子想问题。

比如孩子在讲《小马过河》时，父母在听到孩子讲小松鼠被淹死时，可以故意高声附和道："危险呐，不能过河！"在听到老牛说水浅，过河很容易时，父母也可以趁机向孩子提问："为什么小松鼠被淹死了，老牛却没事呢？"这时候，也许孩子就会很得意地告诉父母："这都不懂呀，因为小松鼠个子小，老牛个子大啊！"

这样的小互动，不仅能激发孩子阅读的兴趣，而且还能让孩子获得成就感、自信心。父母经常这样做的话，过不了多久，就能使孩子爱上阅读的。

孩子的最初阅读，并没带有太多的目的，也许只是出于好奇心。做父母的应该配合他们的好奇心，维护他们对未知世界的探究欲望，呵护他们刚刚萌芽的阅读兴趣，并为他们提供丰富的阅读环境、阅读机会，从而培养他们的阅读能力和阅读习惯。

比如说，孩子在阅读前，父母可以先摆摆“噱头”，激发起孩子听故事的好奇心。“宝宝今天会看到一个非常精彩的故事，这个故事里有一只非常非常可爱的小白兔，这个小白兔呀，它一直在找朋友，哪个小朋友认真读它的故事，它就和哪个小朋友做朋友!”这时候，孩子的热情和积极性就被调动起来了，他们渴望了解故事，渴望和小白兔做朋友的心情也就更强烈了。

在阅读的过程中，如果看到孩子东张西望，注意力开始分散时，父母可以向孩子提一些问题。比如说：“爸爸妈妈最讨厌大灰狼了，宝宝讨厌不讨厌大灰狼呀?”这不仅能让孩子可能已经开始抛锚的注意力又专注到故事中来，而且还对他们分清好恶有好处。

在和孩子一起阅读到最后一页时，还可以卖个关子，和孩子一起猜故事的结局。等大家都猜完后，接着再往下看。当孩子猜对了结局时，父母还可以故意说错，然后跟孩子辩论，这时候，很可能就会激起孩子的好胜心，孩子听故事、看书的兴趣也会大大增加。而当他们得知自己猜对了，父母猜错了时，内心涌起的成就感也就更强烈了，当然也就更喜欢看书了。

阅读完后，父母还可以留个结尾或将故事的结尾作为新故事的延伸，和孩子一同续编故事。比如，在讲完《小红帽》后，父母可以将结尾当作故事的开头：“小红帽和外婆被猎人救出后，在外婆家美美地玩了一晚上。第二天，小红帽提着篮子回自己家了。路上，当她穿过那片树林时，突然发现有一只狼宝宝正坐在路边大哭，小红帽上前去问：‘狼宝宝，你为什么哭呀?’狼宝宝答：‘妈妈不见了，呜……’”这样一个新开始，父母可用问题来引发孩子的想象：“哎呀，狼宝宝的妈妈不见了，他上哪儿去了呢？这可怎么办呢?”这个时候，父母要考虑孩子的年龄阶段和语言智能的发展水平，如孩子较小，语言描述上就要更简单一些，不要用一连串有难度的问题吓坏了孩子。

现在的孩子喜欢看《喜羊羊和灰太狼》，父母就可以在每一个小故事结束后，让孩子再续编一个故事。如果孩子编得好，父母还可以把孩子编得好的故事记下来，然后制成一本故事书。这样，对培养孩子的思维能力、写作能力是非常有好处的。

也许很多父母都有这样的感受，孩子好像总是喜欢缠着大人给他们讲故事，却并不愿意自己去“阅读”。在这种时候，父母千万不能着急，把书本强“丢”给孩子，向他们吼：“自己看!”这很可能会打击孩子阅读的积极性。孩子之所以不自己看，要听父母讲，就是因为他们的阅读能力还不够，父母的讲述，会更吸引他们。有时他们那样做，甚至只是因为喜欢被父母拥着、抱着的那份温馨。所以当孩子让父母给他讲故事时，父母一定要亲热地把孩子拥过来，并亲昵地对他说：“来，妈妈（爸爸）陪宝宝一起读!”

当孩子能和父母共同分享有趣的故事时，他也已经在书海里找到属于自己的乐趣了。经过长时间的阅读训练，当孩子的识字、理解能力达到一定程度时，他自然也就会脱离父母的陪伴，而自己阅读了。所以早期和孩子一起分享有趣故事，是孩子听说读写、语言智力发展的必然过程。

孩子的阅读，正是从父母不厌其烦、绘声绘色的陪读开始的，家长千万不能忽视。

23

大声朗读给孩子听

美国教育家杰姆·特米里斯认为，孩子的读书兴趣是需要从小培养的，而且要靠父母来“诱发”。如果父母首先养成了每天坚持给孩子朗读的习惯，那么孩子也会把父母的这种习惯当成自己的习惯。比如说父母每天早上或晚上临睡前给孩子朗读二十分钟，抑或每天早上朗读十分钟，晚上临睡前朗读十分钟。久而久之，孩子的阅读兴趣便会在父母抑扬顿挫的朗读声中产生了。

可实际上，有多少父母为孩子朗读过？又有多少父母坚持每天给孩子朗读？

应该很少吧。很多父母，觉得自己每天上班很辛苦，回家后还要做家务，忙东忙西，哪有时间给孩子朗读呢。有些父母甚至觉得孩子什么都不懂，读了也白读，而且还影响自己做其他事。

这种想法和做法是绝对错误的，前面我们讲了很多关于孩子阅读的好处，如果我们这些做父母的能在孩子的启蒙期就培养他们良好的阅读习惯，也不至于等他们长大了才费力地想着怎样去纠正他们不爱读书的毛病。而且，孩子并不是我们认为的什么都不懂。

有一位妈妈在电视节目里讲述了她和儿子的故事。她说以前她一直忙于工作，没能陪着儿子玩、读书。有一次，她因为腿受伤了，便在家里休息。三岁的儿子拿着《365 夜故事》让她讲。因为躺着无聊，她便像老师在教室讲课一样，给儿子朗读起了故事。在给儿子朗读的时候，她发现，一向顽皮得像有多动症的儿子，竟然睁大着眼睛，很认真地听她讲故事。

这让她很受触动。从那天起，在她躺在家里养病的一个月里，她坚持着每天给儿子朗读半个小时的故事，然后让儿子自己去看。一段时间后，她发现儿子不仅没有“多动症”了，而且还时不时从嘴里冒出几个新词汇，在看其他动画片的时候，他也能“预测”结果了。

之后，她即使开始上班了，也坚持着每天用二十分钟的时间，给儿子朗读。儿子渐渐领悟了很多语句的结构和词义的神韵，对看书也更感兴趣了。

因为儿子提前认识了很多字，在他上了幼儿园之后，老师和其他家长都夸他聪明、早慧。对这些夸赞，她都一笑而过，因为她知道，如果不是她生病躺在床上给儿子朗读的那一个月，也就没有后来“早慧”的儿子。

我们平时所说的“早慧”孩子，其实就是指他们识字早、语言能力好。而“早慧”孩子的培养，是从他们小时候就开始的。陪孩子阅读，每天坚持给他们大声朗读，这都是培养“早慧”孩子必须要做的功课。

有一些专家说，如果父母能每天给孩子进行十五分钟的朗读，很可能会改变他们的一生。

孩子学习阅读就像他们学说话一样，并非一蹴而就，这是需要一个渐进的发展过程的。很多父母可能会怀疑为幼儿朗读的可行性。实际上，孩子从出生起就怀有强烈的求知欲，并非像大人想象的那样只知道吃奶、睡觉、玩闹。

通常出生三个月后的孩子，他们已经开始渴望和周围的人进行语言交流了，并且会发出一些让人辨别不清的声音，这些连续的发声就是他们的语言；等到五个月大的时候，他们已经能够发出一些较为清晰的声音了；等到六个月大的时候，他们就开始发出一些“咿呀”声，有些甚至还会发出一些有音节的声来，比如“ma”音等。

一些有心的父母仔细观察后还会发现，每当他们给孩子朗读的时候，孩子的眼神是那么的专注和欢欣；而当父母朗读声突然停下来，孩子的眼神似乎又会出现失望和难过。孩子从一出生，就很喜欢听到父母的声音，这种喜欢是天生的。

在孩子出生那一刻起，父母肯定会情不自禁地与他（她）聊天，虽然不知道他（她）是否能听懂，但那种聊天的感觉是很温馨的。对孩子来说，父母的朗读，也是和他们聊天的一种特殊方式。所以他们喜欢看父母嘴唇嚅动的样子，喜欢听从父母嘴里发出的亲切声音。如果父母动情地给他们朗读那些有着韵律感的优美文章，不亚于给他们播放悦耳动听的音乐。慢慢地，孩子们会注意到父母朗读时发出的声音蕴涵着逻辑性和语法结构。这些改变，是孩子们在长期听父母朗读时才会出现的变化。

也就是说，父母早期对孩子的朗读，对孩子的成长是非常有好处的。比如说，如果父母一边给孩子朗读，一边爱抚他（她），这无形中会增进彼此的感情；在与孩子一起看书朗读的过程中，还可以增强他（她）集中注意力的能力；同时也可以让孩子从书中了解到自己生活的世界是多么的奇妙；大声地朗读有助于孩子对语法结构的内在理解，为其今后的阅读与写作奠定基础；看图朗读有助于激发孩子的想象力；养成良好的朗读习惯，有助于培养孩子自主获取知识的能力；朗读可以训练孩子的手眼协调能力，慢慢地其便能学会结合文字看图画，了解一本图书的行文结构了。

同时，父母早期的朗读，能为孩子六岁后学习阅读打下坚实的基础。孩子们也能从父母的朗读声中，汲取到声音的记忆，养成喜欢朗读的好习惯，为今后的主动阅读铺平道路。

这么一来，有些家长又要说了："讲故事还不容易吗？只要拿着一本书，照着上面大声念出来不就可以了？"其实不然，给孩子朗读是有很多学问的。

那父母要怎么给孩子朗读才好呢？

首先要挑选"安全"的书。要准备哪些书给孩子朗读呢？从质地上要选"耐看"的书籍。很多孩子见了书喜欢去撕咬，撕咬很容易弄坏书，而且还不卫生，很危险。所以选书时，要选择一些边缘圆滑的硬皮书，以免孩子趁父母不注意，往嘴里塞纸页时划破嘴唇。另外也可以选一些柔软而结实的布书，这样父母一边给孩子朗读，一边可以让他们感受书的特殊质地。

然后是选择内容合适的书籍。对于幼儿来说，他们肯定还听不懂父母说的话，但父母如果选择一些朗朗上口、节奏感和韵律感强的儿歌和童谣，父母的声音在他们听来，一定非常美妙。如果这书上还配有简单明快、色彩鲜明的图画，还可以刺激到他们的视觉，让他们更能感受到阅读的快乐。

接下来是要选好朗读地点。比如可以选择一个光线适中、四周安静的地方，比如卧室、小公园。在给孩子朗诵时，切忌周围太过喧闹，比如放电视的声音、其他孩子的打闹声，都有可能干扰到孩子的注意力，使其不能很好地聆听父母的朗诵。

对于给孩子选择什么时间来朗读，父母可以根据孩子的不同情况做出不同的选择。通常情况下，孩子在清晨时精力充足，这时间给孩子朗读不错；还有就是午餐之后或在睡觉之前，这时的朗诵可以稍微舒缓一些，用来催促孩子入睡。当然，朗读时间是可以根据不同情况随时进行调整的。这个时期的孩子因为年龄小，注意力不怎么集中，所以要尽量以他们的意愿为导向，不要强迫他们。需要注意的一点是，在刚刚开始给孩子朗读时，时间最好能控制在三分钟以内，以后可以慢慢延长。

父母给孩子朗读的姿势也是有讲究的，需要选择让孩子和自己都觉得舒服的姿势，不一定非要规规矩矩地坐着。可以让孩子坐在自己身边，也可以和孩子一起趴着读。父母可以用手指指着字句让孩子读，也可以试着让孩子伸出他（她）的小手，指着上面的字读。总之，什么样的朗读姿势容易让孩子对阅读感兴趣，父母就可以选用什么样的姿势。

最后，父母当然要注意朗读语调了。给孩子朗读时，一定要有感情，故事里不同的人物，要用不同的语调来朗读，这样可以让孩子从父母不同的语调中，知道是谁在说话。同时，用带有节奏感的语调去感染孩子，能吸引他们的兴趣，进而使他们融入父母的热情中去。如果他们会说话，说不定就会和父母一起来朗读了。父母和孩子的这种互动，对他们语言表达和个性发展很有好处。

坚持为孩子朗读，能帮助他们学习词汇、语法和句子的节奏。另外，这种亲子阅读方式，还意味着孩子得到父母的完全关注，意味着他们是被父母爱着的，这种安全感、呵护感对孩子的一生都有影响。

当然，前面这几个注意事项都做好了，父母给孩子的朗诵工作就基本合格了。不过，父母在给孩子朗读时，还要注意以下几点：

首先，故事内容必须适合孩子的智力水平。千万别朗读那些大人都觉得吃力的内容，否则朗诵效果适得其反。可以根据孩子的年龄段进行区别对待，比如三岁左右的幼儿，就可以给他们讲关于动物和植物的故事，如果故事情节贴近现实生活，那就更好了。这个年龄段的孩子，他们的注意力处在不够集中的阶段，父母选择的故事一定要简短，故事一定要形象生动，情节不能太过曲折。一般来说，故事的篇幅不要超过500字。

孩子如果长到五岁左右，他们的想象力也丰富了，父母就可以给他们讲些神话、童话、民间故事，比如可以给他们讲一些经典绘本故事，故事里的词汇量也可以逐渐增加。为了丰富孩子们的想象力，父母还可以用夸张的表情来给孩子讲故事。

孩子到了七岁左右时，就可以给他们讲一些科普类、文学类的故事了。另外，一些成语、谚语故事都很不错，是启迪儿童思维和语言的好选择。

在学校里，老师如果注意一下自己的学生就会发现，有些孩子是有阅读障碍症的。而这种阅读障碍症的形成，大多是因为他们在学龄前接触到的阅读不够。如果老师再仔细观察一下就会发现，这些得了阅读障碍的孩子，他们与同伴之间的交流也会产生障碍，这对他们以后的学习和生活都是有不良影响的。

因此可以得出结论，父母坚持每天二十分钟的亲子朗读，非常有必要，因为这相当于给孩子以后的成功之路打下基础。

24

采取不同的陪读方法

无论从媒体报道，还是身边的实例中，我们可以知道，有一些小孩子，他们在三四岁的时候，便能认识很多字，熟读很多诗歌。

而另外也有一些小孩子，即使马上上学了，还认识不了几个字，家长只好把孩子认字的任务交给幼儿园老师："我这孩子笨，老师麻烦你了！"

同样年龄的孩子，为什么会有这么大的差异呢？如果问那些小孩认字不多的家庭，家长肯定委屈满满地说："我们也教呀！我们天天教他（她）认字的，但他（她）总学不会呀！"抑或说："也教了，没办法，汉字那么难，他们这么小的孩子，学不会！"

真是这样吗？

当然不是，婴幼儿对汉字的识别还是很敏感的，因为汉字是固定的，每一个汉字，在他们眼里，很可能都是一幅图画，甚至是个物品。这些"图画"的结构很稳定，更容易吸引他们的注意力，让他们记忆深刻。

有科学证明，汉字——在老外眼里难得不行的方块字，在婴幼儿那里，却是最容易记住的，甚至是最容易学到的图形文字。既然孩子对方块字这么敏感，父母就一定不能错过学前教育这个让他们识字、"脱盲"的机会。

有些父母又困惑了，自己也天天在家里教孩子识字，为什么他（她）就记不住呢？

经调查了解发现，原因是多方面的。在一个普通家庭，即使语言的学习环境大致相仿，孩子们的说话能力都会有迟早优劣之分，更不要说在语言的学习环境存在很大差别的家庭，孩子的识字情况更是存在天壤之别。

通过对识字快和识字慢的孩子做比较，得出造成他们差异的原因如下：

1. 识字的早晚不同。

识字快的孩子，他们的父母大多在他们半岁时就开始培养他们对文字的兴趣了，因而这些孩子在日常生活中，只要见到这些方块字，就会习惯性地去认，甚至慢慢觉得周围的一切声音、人物、图画都是“字”。另外，再加上父母对他们进行的早期阅读训练，让他们对文字更加敏感。

而那些识字慢的孩子，因为父母教他们识字的起步晚，所以他们的注意力和精神大多已经转向了别的东西，所以再看文字，也就没那么敏感了，甚至很迟钝。这样也就和那些识字快的孩子形成差距了。

2. 父母教时的着眼点不同。

识字快的孩子，他们的父母在教他们识字时，把主要的着眼点放在了培养孩子对识字的兴趣上，采用的是孩子主动接触“字”的方式，而且从不强迫他们马上能认出多少字来。孩子的识字是凭着兴趣和习惯的，对于有兴趣的东西，孩子们自然学得也就快。而习惯性的强大的力量，促使孩子不识字就不舒服，强烈想去看看那些方块字，这样识字就变成了自然而然的事。

而那些识字慢的孩子，他们的父母在教他们识字时，没有关注孩子的个性特点，而是像给自己定目标一样，强迫孩子去识字，这样会拔苗助长、弄巧成拙，最终让孩子对识字产生厌倦情绪。

3. 对待孩子的态度不同。

虽然孩子在幼儿时期，对文字的记忆很敏感，是视觉语言发展的高峰，但如果父母对待孩子识字的态度有问题，抑或是对孩子采取了不正确的教育方式，都有可能造成孩子的识字困难。父母教育孩子的方式不同，孩子的个性也会有所不同。识字快的孩子的父母，通常在对待孩子上，从不娇宠，也经常会和孩子交流沟通，孩子性格好了，注意力和耐力也就好了，识字时也就会认真很多，识字自然就快而多。

但那些识字慢的孩子，他们的父母通常都比较宠溺他们，这样娇生惯养出来的孩子，个性浮躁，注意力和耐力都非常差，认字自然就不顺利了。

4. 识字的氛围不同。

识字快的孩子，他们的父母通常会把家里布置得书香味浓厚一些。比如墙上挂上小黑板、识字小卡片，桌上摆着古诗集、成语书、儿歌本，甚至书画作品和地图等。总之，会让孩子沉浸在“字”的海洋里，一有机会就会教孩子认字。通常识字快的小孩，他们的父母都是比较喜欢读书看报的，家里的书、报、杂志非常多；而识字慢的孩子，父母不仅没有给他们营造识字氛围，而且就连自己本身也不喜欢读书，更别说细心地去满足孩子的求知欲了。

5. 面对问题处理方式不同 。

识字快的孩子，他们的父母对孩子识字时遇到困难，总会采取鼓励方法，不给孩子泼凉水；而识字慢的孩子，他们的父母对孩子识字时遇到困难，轻则灰心丧气，重则非骂即打，说孩子太笨、没救了等。遇到这样的父母，孩子识字怎么可能快?

通过以上对比，我们应该会发现为什么有些孩子识字快，有些孩子识字慢了吧！一句话：问题重点不在孩子，而在父母。

25

父亲在亲子阅读中很重要

一听到亲子阅读，很多父亲就觉得没自己的事，认为那只是孩子和母亲的事。所以，在现实中，我们常常可以看见妈妈陪孩子读书，却很少见父亲陪孩子读书的。当然，按我们中国的传统习惯，孩子小的时候，大多由母亲带着，而父亲通常要出去赚钱，因而就没有更多的时间和精力参与到亲子阅读中来。

实际上，亲子阅读，并不仅仅是指母子或父子之间的阅读，而是指全家一齐参与的阅读。而且有研究表明，父母共同参与到亲子阅读中，对孩子的阅读起着至关重要的作用。

美国北卡罗来纳大学的专家曾调查了近百个家庭，最后得出结论：在幼儿最初获得语言能力的过程中，父亲的作用超过了母亲。调查发现，虽然孩子们在日常生活中，接触最多的是母亲，而且和母亲的交流也最多，但幼儿有喜欢模仿的特性，他们通过模仿父亲的语言，可以掌握更多的词汇。更有意思的是，他们通过父亲掌握的词汇越多，他们的语言能力就越强。

为什么会出现这种情况呢？专家们认为，幼儿在刚刚开始学习语言时，他们的语言能力有限，但母亲的“喋喋不休”，超出了他们模仿的能力，所以他们转而将目光转向父亲，从“少言”的父亲那里去学习语言了。不过，对于三岁以上的孩子，他们的语言功能开始增强，母亲的“喋喋不休”也就起到了作用。

也许是因为在亲子阅读中，孩子长期和母亲一起，产生了“审美疲劳”，进而收效甚微。如果父亲也参与进来的话，很可能会给孩子带来一种新鲜感，进而刺激孩子对阅读的兴趣。

所以说，不管父亲多忙，都希望能抽出一些时间，陪孩子阅读。如果实在因为工作的原因，平时抽不出时间，那也要在周六周日带孩子出去游玩的时候，抽空陪他们读上几页。

亲子阅读的方式有很多，带孩子去书店、图书馆就是一种，而且书店和图书馆的图书很多，阅读氛围浓厚，对培养孩子的阅读兴趣更有帮助。通常在一些大的书店和图书馆，都有童书专区。所以父亲不妨在周末的时候，放下手里的工作，带着孩子去大型书店和图书馆逛逛，这样在享受周末时光的同时，也给亲子阅读创造机会。

小佳佳不到四岁，他最开心的就是在周六的时候，能和爸爸妈妈一起去书店。因为在那里，他不仅能看到他喜欢的图书，而且还能看到很多小朋友。

小佳佳的爸爸平时工作非常忙，每天早出晚归，但他为了儿子的成长，还是会强制性地每周给自己留出一天的时间，陪陪妻子和儿子。在陪孩子干什么这个问题上，他在和妻儿商量过后，最终决定了“周六亲子阅读日”。从那以后，每到周六，他们一家三口便手牵手，去逛书店。在书店的童书区，他们没有强制佳佳阅读什么，而是放手让他自己去选择图书，并且还教会了他怎么查找不同书籍的方法。那些眼花缭乱的书籍，成了佳佳补充精神食粮的最佳来源。

当然，佳佳最高兴的还是父亲能和他一起去。因为不管是奥特曼还是变形金刚，抑或动物世界，和爸爸读起来，总是比妈妈更好一些。

男孩子喜欢的书籍和阅读方式，一般和女孩子不一样，而妈妈选择的书籍和阅读方式，和爸爸也会有很大的差别。所以在家庭里，父亲一定要尽可能地参与到孩子的早期阅读中去，这样才能对妈妈温和的阅读方式产生互补，这对培养孩子的不同阅读兴趣也是非常有好处的。

第四章

越早投资，父母越轻松

如何培养孩子良好的阅读习惯

六岁以前，孩子的大脑处于高速发育期，其智力的发展可以占到一生的80%。在这个阶段，如果父母能忙里偷闲，放下手里的一点点事，抽出一点点时间，帮孩子养成良好的阅读习惯，那么，在孩子长大后，父母就可以少操很多心。

26

让孩子爱上睡前阅读

美国畅销儿童书作家劳拉·努梅罗夫说：“每晚临睡前读上20分钟，美国儿童的读写能力就会完全不同。”劳拉·努梅罗夫曾在接受中国记者采访时说：“小时候，我的父母每天晚上都读书给我听，正是从那时起，我爱上了读书。九岁的时候，读别人写的故事让我感到无比兴奋，我开始想要自己写作。而今天，写作成了我的职业。”

然而，在互联网等各种高科技产物的强烈诱惑下，要想让现在的孩子坐下来安安静静地看会儿书或者听一会儿故事，其实并不容易。但努梅罗夫认为，在这种情况下，家长不妨“强权”一点。到了规定的时间，不管孩子是在看电视还是玩电脑，都要让他们马上停下来，然后全家每个人都拿一本书，坐在同一个房间里读上半个小时的书，或者互相交流，说说每个人最近都在读什么，有什么样的读书心得。

孩子如果培养了睡前阅读的习惯，可以很好地改变他们痴迷于电视、网络的不良现状。据一些资料显示，在孩子睡前给他们讲故事，或者让他们自己动手翻阅，可以帮助他们更容易适应社会。调查还发现，那些从小就开始阅读的孩子，他们的语言技能发展较快，并且在其日后的发展中，语言优势也较为明显。

为什么会这样呢？睡眠的重要大家应该都知道，仅次于吃饭，它是人体维持正常生命力的重要一环。睡眠的目的是为了保护大脑皮层的细胞，不至于让它衰竭和破坏，而且它可以恢复神经组织在活动时消耗的能量。所以说，如果没有良好的睡眠，会严重影响孩子的神经组织，影响他们的身心健康。

睡眠如此重要，其实，睡前的活动也是可以直接影响孩子的睡眠时间和质量的。我们知道，在睡觉前，如果大脑皮层处于过度疲劳、过分恐惧、过度悲伤或过度兴奋等异常精神刺激状态，将会影响睡眠。这是因为，在睡眠时，大脑皮层还有兴奋区段的缘故。明白了这点，如果父母在睡前能给孩子讲故事，或者让他们自己看绘本、图画书，书里的故事和画面，是可以在他们的脑海里留下深刻印象的。

不过，父母要挑选合适的书籍，不适宜挑选那种带有惊险情节、悲惨结局的图书，因为这样会对孩子的睡眠造成影响。在孩子临睡前，父母要给他们讲一些温馨的故事，或者让他们自己看一些愉快平和的书，这样不仅能够帮助他们睡眠，而且对他们的成长发育及以后养成阅读习惯非常有好处。

生活中我们也能发现这样一些孩子，他们每天晚上临睡觉前，不管多晚，都要缠着爸爸妈妈给他们讲故事，内容无非就是一些简单的儿童童话故事。这些故事他们百听不厌，而且不听父母讲故事，他们就无法安睡。

那怎么讲故事对孩子的睡眠更有好处呢？

1. 感情充沛。充满感情地为孩子讲故事，可以很好地与孩子沟通感情，让他们感到安心，有安全感。为孩子讲床边故事的时候，还要用感情来表现气氛，声音一定要轻柔甜美。

讲故事之前，最好先了解故事的主题和内容。遇到一些生动的情节，可以感情丰富地给他们讲，比如讲到灰太狼看到懒羊羊时，那垂涎三尺的模样，父母不妨做出一些流口水，见到美味时的表情。当孩子看到这个丰富的表情时，肯定会给他们留下深刻的记忆。

2. 绘声绘色。通常情况下，父母的声音变化可以吸引孩子的注意力。所以家长在给孩子讲故事的时候，不要一味用很平淡的语调，而应该根据所读内容，适当变化自己的声音，使故事听起来更生动。

比如汽车的“嘟嘟”声、火车的“呜呜”声、小狗的“汪汪”叫和小猫的“喵喵”叫，家长都可以用生动的拟声发音来模仿，最好不要只是呆板地念出字来。如果家长能够充分表现出愉快、伤心、兴奋、难过等情绪，那么睡前故事就会和广播剧一样精彩。

3. 把握节奏。跌宕起伏的故事情节是能吸引孩子，不过也容易使孩子太兴奋，导致他们睡不着。所以给孩子讲故事时，前半部分可以讲得精彩一些，后半部分就要适当缓和了。比如是高潮迭起的故事，为了避免孩子过于兴奋，家长就要尽量把握故事的节奏，甚至调整故事的内容，给他们制造入睡前的安宁气氛。

我们知道，如果孩子睡前接触恐怖的、血腥的故事，极有可能影响他们的正常睡眠，所以给孩子选择睡前阅读的书籍非常重要。对于孩子睡前的书籍，不妨选择一些温馨的亲情故事。这种类型的图书既能引导孩子进入故事王国，又能使他们尽快进入睡眠状态。

4. 保持耐心。如果前一晚的故事还没讲完，孩子就已经睡着了，那么在第二晚讲故事的时候，最好能有个“前情回顾”，以便于孩子想起头天的内容，记忆上能衔接起来。在讲述过程中，如果孩子有不明白的地方而发问，父母就应该先为孩子解说，然后再继续讲述，而不要不耐烦地说："别插话，等会我再告诉你"，这样一来，很可能会打击孩子的阅读兴趣。

5. 适当改编。父母可以根据孩子的吸收能力和兴趣，适当改变一下故事的情节，比如把国外的童话故事变成可以理解的国内故事，把长篇幅的故事改成简单明了的故事，把长又不好记的外国人名字换成亲切的邻家小孩名字，这样才便于孩子了解和记住。

总之，家长给孩子讲睡前故事是为了培养孩子的阅读能力和促进亲子关系，这是个应该长期坚持的事情，不能半途而废，也不能急于求成。

孩子一般到了一岁半左右时，已经开始不满足于简单的图画书了，他们开始对故事书感兴趣。可是婴幼儿的生活经历简单，很多故事涉及的知识背景孩子都不熟悉，因此，他们对许多古典童话故事还很难产生兴趣。所以这个年龄段孩子的心智决定了他们只适合听那些简单的故事，情节稍稍繁琐的故事都不适合念给他们听。比如公主和恶人呀、神仙妖怪呀等，这些充满争斗的、曲折的故事，对他们来说听起来还是太吃力，而且很可能会被吓倒。

父母如果不明白这点，在孩子临睡前，给他们讲恶毒皇后给白雪公主吃毒苹果、孙悟空三打白骨精等故事，是很容易使敏感的孩子做噩梦，从睡梦中惊醒的。因此，孩子睡前书籍的选择，是一个从最早的童谣书、概念书和玩具书进入到故事书的过渡过程，家长千万不能着急。

有一本著名的亲情儿童书，讲的是小熊和妈妈去摘蓝莓，遇上了另一对摘蓝莓的母子，两个小宝宝因为贪吃贪玩走丢了妈妈。于是他们就去找妈妈，在找妈妈过程中，遇到了其他小动物和他们的妈妈……最终，两个小宝宝找到了自己的妈妈，高高兴兴跟着妈妈回家了。

这个故事很适合幼儿，即使是一岁多的孩子，对母子关系也早有体会，非常理解故事中小宝宝找妈妈的心情，而且也能从故事中知道，不管哪种动物，它们都是有妈妈的。

这个故事其实有点像《小蝌蚪找妈妈》，都是通过一些简单重复的情节，用一些象声词，让故事里的每个动物都鲜活起来。这种故事在告诉小朋友每种动物特点的时候，也让他们感受到了亲情的重要。这样的故事结构安排很符合孩子心理，也容易让他们理解，所以当父母讲完小熊和小蝌蚪都找到妈妈后，他们也就会在甜蜜满足的微笑中慢慢睡去。

这样的亲情故事，孩子之所以喜欢，就是因为亲子关系是孩子在生活中最早、最容易理解的关系。爸爸妈妈也是他们每天接触最多的亲人，所以他们最容易感同身受，也最容易产生兴趣，感受到温暖，拿这种书作为睡前读物，自然也就能保证他们的睡眠质量了。

27

家里充溢阅读氛围

“孟母三迁”这个故事在中国历史上可以说是创造了育人佳话，并被大家广为推崇。为了给孩子塑造一个良好的环境，不让孩子受到“坏风气”的影响，孟子的母亲一次又一次地搬家。这个故事告诉我们一个道理：要想给孩子一个健康的心灵，美好的未来，良好的育人环境很重要。

著名作家池莉在她的作品《来吧，孩子》中提到，她对女儿的教育，最先是从给女儿一个良好的家庭阅读氛围开始的。池莉曾说，在她家只有一套两居室时，她就把客厅当成卧室，把卧室布置成了书房，让女儿在书籍中成长。她认为，人无论穷富，必须要有丰富的精神食粮，给孩子一个宽敞的书房，才是对孩子最大的爱。池莉曾自豪地说："我们这个以书籍为主的家，成了我和孩子最惬意的小窝。这个小窝是我们的江山，书籍是我们的伴侣和玩具；在这里，我们总是其乐融融"！

池莉是对的，在这样的环境下，她成功地把女儿培养成了各方面都很优异的女孩，并且顺利考入了伦敦大学。

一句话，为了培养孩子的阅读习惯，父母们要尽量让家里充满书香氛围。如果家里的条件允许，房子比较大，除了给孩子布置单独书房外，还可以给他们建一个"读书园"，在"读书园"里，多摆放一些孩子们喜欢的书籍。如果家里的条件有限，也要尽量在有限的空间里，多放置一些书籍，让他们可以随时看到书，并能随时触及书籍。

这里做一个小提示，如果家长本身有藏书习惯，对于一些贵重的书籍，在孩子幼年期，最好不要放在孩子能够拿到的地方，以免造成损坏。

同时，对于有单独卧室的孩子来说，也可以尽量在孩子的卧室里，多放一些书籍。为了有意识地培养孩子对书籍的兴趣，家长还可以让他们自己动手，必要时给予协助，帮孩子建立他们喜欢的书屋，这样在激发他们对书籍的兴趣的同时，还能让他们享受书籍带来的乐趣。

那么，如何让孩子的房间具备卧室、书房的双重功能？如何在儿童房里为孩子营造一个读书的小天地呢？下面教大家几种给孩子卧室增添阅读氛围的方法。

对于一些年龄较小的婴幼儿，不要认为他们小不会看书，就不要阅读氛围。恰恰相反，要有意识地从小培养他们良好的阅读习惯。比如给他们的小房间置备小桌子、小椅子、小柜子，然后把一些适合他们阅读的书籍摆在上面。对那些开始上幼儿园或者小学的孩子，父母还可以给他们的房间添置书柜。

在给孩子设置书柜的时候，建议书柜最好不要只是单独的大书柜，而要由两个或者两个以上的小书柜组成，这样便于各个小书柜自由组合。同时，一个个的小书柜还能节省空间。随着他们年龄的增长，父母可以给他们增加小书柜的数量，帮他们调整书柜的高度，这样就能容纳更多书籍了。这些组合书柜还有一个好处就是，它不仅能放很多书籍，而且还可以让孩子对所放书籍进行分类。同时，对于一些爱美的小女孩来说，因为组合书柜的小格子比较多，色彩也比较多样，就可以让他们适当放置一些可爱的饰品，让孩子的房间不再单调。

从选择书柜标准来说，家长一定要事先和孩子沟通好，尽量做到让孩子自己选择自己喜欢的书柜。虽然孩子多从造型、外观出发，不太考虑柜子的实用性、安全性以及耐久性，家长可以给予孩子实用的建议，但是不要过多干预孩子对自己房间的要求，真正做到“自己的地盘，自己做主”，让书柜和孩子一起成长。另外，这种组合式的家具一般还带有书桌，可以为孩子提供一个读书的位置，有利于培养孩子良好的读书习惯。

随着科技的发展，这类组合式的家具不仅可以节省空间，更重要的是，儿童的家具设计大都综合运用了人体工程学、结构力学、美学、心理学，等等知识，能够满足青少年儿童成长发育的需要。

在为自己孩子挑选家具时，要充分考虑到儿童的成长年龄，给他们的房间预留一定的“成长”空间。不单是使用功能上的，还有认知和个性上的，这些都随孩子的成长而发生改变。

如果房间实在很小，书桌、书柜都放不下，那还可以在孩子的床头、沙发上放些书，让孩子能够随时随地接触到书。当家里充溢着阅读氛围的时候，孩子一进家门，便会生活在书的海洋中，受到书的熏陶，“随风潜入夜，润物细无声”，一个充满浓浓人文气息、书香气息的环境，肯定会让孩子喜欢上阅读的。

让我们为建立孩子的小书房努力吧，孩子一旦形成一个好的阅读习惯，那将使他们受益终生。相信等到孩子功成名就之时，定会非常感激父母帮他们培养了良好的阅读习惯。

28

教孩子写读书笔记

古人云：“不动笔墨不读书。”

意思是说，阅读一定别忘了记笔记。很多孩子不懂得记笔记，即使记，要么胡乱摘抄一通，要么觉得没什么好记的，所以父母在孩子阅读时，有必要教会他们如何记笔记。

记读书笔记的形式很多，通常有四种方法：第一，把一些好词好句记下来，了解其意义后，在以后的作文里便可以灵活运用；第二，记下每篇文章的中心思想，这是了解作者写法的最好方法；第三，写出自己看完文章的所感所想，这样可以加深自己对文章的了解；第四，把好词好句圈起来，再读就能重视起来了。

富兰克林说："读书之时，宜备笔和小册子，遇新奇有用之典故词句，就用简短的语句摘抄下来。这个办法有三种好处：一番手抄，凝神酌句，记忆更牢；日后行为演说，可以引用；即使没有实在效用，也可以增加社交趣味。"

确实是这样，边读书边做读书笔记，不仅可以使孩子们集中注意力，而且还可以促进孩子思维能力的发展，加强他们的记忆力。

不过，现如今，电脑的普及，网络的盛行，致使很少有人在读书时能拿个本子、拿支笔，记录书中的精彩句子了。孩子们更想不到自己的父辈，曾经会为拥有一个软皮日记本而开心，会为能记下那一条条精美的句子而自豪。甚至有些孩子很可能会说："读书就是用眼睛看的，为什么还要记笔记呀?"事实上，记笔记对阅读是有着很大帮助的。

美国华裔教育家林家翘先生，对读书笔记就非常重视。上大学时，他除了阅读时会记笔记，晚上回家后，他还会整理一遍读书笔记。他再整理一遍笔记的目的，就是把阅读时所记的内容消化，并加上自己的所思所想。除了每天记笔记，整理笔记外，他每月还要再做一次专门整理，把一个月来的阅读思路记下来，相当于对整个月的学习成果进行系统复习。

而他这么做的结果，大家应该也看到了，他成功了。

由林家翘先生的真实事例可以看出，边阅读边做笔记是一种有效的阅读方法，整理读书笔记更能提高阅读效率，这样慢慢就会形成一个良性循环。

边阅读边记笔记还有一个好处就是，增强记忆力，促进思维的运转。那父母又要怎么鼓励孩子做读书笔记呢？父母不妨给孩子们准备一本装帧精美的笔记本，在他们阅读的时候，适时地讲讲做读书笔记的好处，并教会他们如何做读书笔记。

既然要做读书笔记，肯定要选择最适合孩子看的、优秀的读本。现如今，受到孩子们喜欢的读物中，漫画有《火影忍者》、《哆啦A梦》等，科幻小说有《哈利·波特》、《名侦探柯南》等，中外名著有《西游记》、《鲁滨孙漂流记》。这些都属于经典名著，很适合孩子们看。

孩子在做读书笔记时，父母可以教他们用一些特殊的符号把精彩的语句标出来，然后选择一些空白处，写上自己的批注，比如“情节很精彩”、“用词很贴切”、“为什么要这么写？”等等。还可以让他们把感兴趣的成语典故、名言警句、段落和语句摘抄下来，记在本子上。阅读完整篇文章后，还可以写一些简短的书评，写阅读后的心得体会等。这些记读书笔记的方法，对孩子的阅读和思考很有好处。

需要注意的一点是，孩子们做完了读书笔记后，还要教他们如何整理笔记，并把作者的姓名、图书的书名、阅读的篇名、出版的时间地点记清楚，以便日后查找。正如叶圣陶先生所说：“想到了什么，不妨随时提笔把它记下来，这就是读书笔记。想的时候也许比较杂乱，比较浮泛；写下来就非有条理不可了，非切切实实不可了，所以读书笔记是督促自己认真阅读的一个好办法。”

很多父母也许会发现，在孩子刚刚开始写读书笔记的时候，往往是满怀信心的，他们也总是雄心勃勃、兴趣盎然的。可是写着写着，他们就不愿意写了。这时候，家长们可以和孩子交流，对他们的读书笔记做出一些点评。对写得好的读书笔记，还可以写个“好”字，写得不太好的读书笔记，可以提出不足之处。如果有可能，家长也可以做出一份读书笔记来，和孩子的读书笔记交叉着点评。孩子在看家长的读书笔记时，也就可以找到自己阅读时的不足之处，对提高他们的阅读水平很有帮助。以这种方法来激发孩子写读书笔记的兴趣，是非常有效的。

当然，做好读书笔记并不是阅读的终结，而是积累语言的开始，是运用语言的基础，最终目的是为了让孩子能够将积累到的语言灵活自如地运用到自己的作文里。

因此，家长要经常督促孩子做读书笔记，让他们多读读自己摘录的优美词句。慢慢地，积累的精彩语言也就可以在他们的大脑里安家了，此时，再让他们写作文，就能思如泉涌、下笔有神。

“人贵有志，志贵有恒。”这是对孩子们写读书笔记的要求。孩子们用这种持之以恒的态度写读书笔记，形成了习惯，带来的好处就会显而易见。

29

用“捉鱼法”教孩子阅读

犹太人在《塔木德经》中曾说：“给孩子鱼只能解决他一餐的问题，如果能教导孩子如何捉鱼，就能解决他一辈子的吃饭问题。”这句话对如何教孩子的父母来说，一定是种启发。我国的老子，也曾说了一句和犹太人相似的话：“授人以鱼，不如授之以渔，授人以鱼只救一时之急，授人以渔则可解一生之需。”

如果把上面这两句话引申到教孩子阅读上来，那就是：不在全盘授予，而在相机诱导。父母在教孩子阅读的时候，与其给他们已经完成的成品，不如教他们制造这个成品的方法；与其告诉他们结果，不如告诉他们可以获得这个结果的方法。换句话来说就是，不要一味给孩子灌输知识，而要教会他们学习知识的方法。而这个学习知识的方法，可以说是思考的能力和想象的能力。

如今的应试教育，让很多老师在教孩子时，忽略了孩子思考的过程，而直接把老师自己的思想，全部塞给他们，让他们死记硬背。而很多父母在教孩子阅读时，也有这个问题。

通常我们在阅读一本书的时候，看过就算，即使遇上一些好词句，我们也懒得考虑它们为什么要出现在这里，到底是什么意思。

婴幼儿我们先不说，不管是年龄小一点的孩子还是年龄大一点的孩子，在阅读的过程中，如果他们不去了解每一个字词的意义，囫囵吞枣，不明就里地读书，实际上是不能称之为阅读的，充其量只是在念书罢了。

那怎么才算是真正的"阅读"呢？简单一点来说就是阅读时要先"读"字，"读"出每个字的含义，读出每个句子的含义，最终读出整篇文章的含义。

有些家长就说了，"读"字，不就是念出声吗？那么，"读"字和"念"字有什么不一样呢？

我们先举个例子吧，在我们阅读的时候，如果眼前出现了一个"阅"字，我们的脑海里，肯定马上会知道它念"yuè"。而对于这个"阅"的意义，我们知道，它肯定有：阅兵的"阅"、阅卷的"阅"、阅览的"阅"、阅批的"阅"、阅世的"阅"，等等。那到底这个"阅"在我们所看的文章中，它是这几种中的哪种意思呢？要想知道，肯定得看接下来和它搭配的另一个字。如果下一个字是"读"字，那合起来就是"阅读"，也就是"看书"的意思；如果下一个字是"历"字，那合起来就是"阅历"，就是说一个人经历了哪些事。

所以说，单字的合成阶段与想象阶段，通常都是相互连接着的。没有单个字，也就没有一个词，更不可能有一个整句。

比如说，阅读到“母亲”这个词时，我们每个阅读的人，脑海里浮现的场景不一样，想象的东西不一样。每个人都会根据自己的实际情况来对“母亲”进行想象。如果是小朋友读到“母亲”这个词时，他们的脑海里，浮现的大多是一位年轻女性；而上了点年纪的人，他们想到的母亲大多会是一位年老的女性。而绝对不可能的是，看到“母亲”这个词时，大家脑海里浮现的人物是一样的。

由此可见，同样是“母亲”二字，对不同的读者来说，便具有不同的意义。

因此，在教孩子阅读的整个过程中，家长要教孩子弄懂每个字的含义，并教他们用画面来想象这个含义。如果能教他们推敲作者为什么这么写，如果换作他自己，又会怎么写，那就更好了。这样教孩子阅读，对孩子以后的写作水平，肯定会有帮助的。

换句话来说，每位读者在看完一本书后，都会有自己的观点和想法。这就是所谓的“一千个人眼里有一千个哈姆莱特”的意思。通常这种想法，又都会变成资料，最后储存在自己脑海里。

在阅读过程中，孩子们可以根据一个词、一句话、一段文字来推测下面的故事，下面的情节，使头脑快速地运转起来。脑子是越用越灵的，这种阅读方法可以促进孩子们的思考力和想象力。所以可以这么说，思考力和想象力的发达程度，是和阅读量成正比的。

所以父母在教孩子阅读的时候，尽量让他们明白每个字词的含义，这样在以后的阅读中，他们也就能准确理解文章及故事的含义了，而且还能养成阅读时爱思考的好习惯。

30

为孩子阅读做好准备工作

孩子的自制力非常有限，所以他们的阅读，是需要父母的提醒和帮助的。为了培养孩子良好的阅读习惯，家长要帮孩子做好阅读准备，准备工作包括帮助孩子制定一份详细且具体的阅读计划。

这份阅读计划，可以是独立的，也可以是配合孩子学习计划的。计划要尽可能具体，比如说，不仅对每周的阅读时间有个安排，还对每周需要阅读的书目做了罗列，甚至还可以对完成计划后的奖励做好说明。

当然，给孩子制定这个阅读计划，不能是家长凭空想象，按自己的想法和要求随便做的，而应该根据孩子的具体情况。也就是说，这个读书计划可以由家长和孩子一起完成，而且是孩子可以愉快接受的，家长万万不可专制独裁。如果孩子已经很懂事了，最初的阅读计划家长可以参与。几个星期后，就可以让孩子自己制定阅读计划了。等孩子制定好后，家长可以根据情况帮助孩子修改。

对于孩子的阅读成果，家长要根据阅读计划的完成情况给予客观的评价。对于承诺的奖励政策，家长一定要说到做到，不能失言。给孩子进行奖励，目的是为了鼓励孩子主动阅读。随着孩子自我评价观念的形成，奖励也可以逐渐从物质性奖励向精神性奖励转变，为孩子营造一个良好的读书心境。比如可以采取写“正”的方法。意思是说，孩子每阅读完一本书就可以为“正”字画上一笔。当他们阅读完五本书后，就可以给他们一些物质或精神奖励：带他们去吃一次他们喜欢的肯德基，带他们去游乐场玩等，最好能够带他们去书店或图书馆，选择一本他们最喜欢的书。

同时，家长在饭后或者空闲的时间，可以和孩子一起讨论他们读过的书，对于孩子的任何阅读成绩，都要进行表扬。比如夸奖夸奖孩子的理解能力强或记忆力好等，这些都是对孩子读书的精神性奖励。

如果孩子的读书计划不能按时完成，也不要急于去责骂他们。而应该帮助他们分析原因，找出原因。如果是孩子的原因没有完成阅读计划，家长可以委婉地提出警告，并帮他们改进；如果属于阅读计划制定的不合理，父母就要及时帮助他们修改计划，以便更适合他们。

做好了阅读计划后，父母就可以告诉他们阅读方法了。这里介绍两种阅读方法，家长可以让孩子自由选择。

第一种，精读。所谓精读，从字面意思就能看出，就是仔仔细细、逐字逐句地去阅读。这种阅读方式，一般可以用在阅读重要书籍时。

通常来说，精读的方式是逐句阅读，它不仅要读懂文章内容，而且还要明白哪些内容是“主干”，也就是得出的结论；哪些内容是“枝叶”，是为结论提供证据的材料的。

当然，精读并非哪一部分都要“精”，父母还应该提醒孩子，在他们精读一篇文章的时候，应该把更多的精力放在读“主干”上，对于“枝叶”的阅读可以粗略一些。

为了让孩子明白什么是精读。父母如果只是“言传”的话，并不一定能让孩子理解，所以要“身教”。所谓“身教”，就是父母可以抽出时间，和孩子共同去阅读一些好文章，然后告诉孩子文章中的中心句要怎么找，段落中的关键句要怎么找，文章的结构要如何理解……并试着让孩子去分析。

当然，在让孩子独自去精读一些文章时，家长也要给他们选择一些浅显的、逻辑关系比较清晰的短文。以免他们在阅读时遇到了困难，产生挫折感，打击了他们阅读的信心。

第二种，速读。顾名思义，速读就是快速的阅读，一般适用于阅读一些浅显的故事或一般性的阅读材料。浅显的故事只需记住故事的主要内容就行，而一般性的材料，只选择有用的看看就行，不用逐字逐句地细细品味和消化。一般来说，速读只需要快速地浏览文章的一些主要部分，或者是段落的关键句，了解基本的一些内容和结构就可以了。

即使这样，速读还是需要一定技巧的。比如孩子在速读的时候，不用一个字一个字地看，而是一句一句甚至一段一段地“扫”，在这些内容进入大脑后，大概记住自己需要的，并把它提取出来就行，其他的内容可以一晃而过，甚至略过都行。

当然，在教会了孩子这两种阅读方式后，一定要告诉他们，不同类型的读物采用不同的阅读方法，不用每一本都精读，但也不能每一本都速读。可以告诉他们，对于一些故事类的读物，最好还是能够精读，并在阅读时找到几个基本要素：故事里都有哪些人物；故事发生在什么时间，什么地点；事情是如何发生的，有着什么样的经过；故事的结局是怎么样的；故事最后带给我们的启发是什么。

同时，在孩子看过一本书后，特别是一些故事性的书后，父母要鼓励他们将看过的故事讲给家人或其他小朋友听。这样既能训练孩子的语言表达能力和记忆力，又能增强孩子的概括能力和交往能力，对孩子以后的成长非常有好处。

对于一些科普类的读物，比如科幻小说和科普知识等，孩子们在阅读的时候，父母最好引导孩子学会观察，并把观察到的东西和书本结合起来。这种与生活相结合的阅读方法不仅能增长孩子的科学知识，而且还可以激发他们的求知欲和学习兴趣。

而像一些参考类图书，父母一定要让他们精读，而且还要适时地做些笔记。甚至可以根据孩子们阅读的书籍，出一些题让他们做。对于答对的问题，父母可以给些精神或物质奖励；对于答错的，可以给他们讲解，直到他们弄明白为止。

以上都是在为孩子阅读前做准备，是在教孩子阅读方法，如果这些准备工作没做好，孩子接下来的阅读会变得漫无目的，会变得很困难。当做好这些准备工作后，孩子就可以用他们喜欢的方式去阅读了。

31

用孩子喜欢的阅读方式阅读

为什么要用孩子喜欢的阅读方式阅读?

这是因为孩子阅读与成人阅读的心理有差异，特别是幼儿。所以我们不能用成人的阅读习惯和阅读模式来要求孩子。

下面，我们就成人和幼儿的阅读心理做一下对比：

成人在阅读时通常会注重文字，而幼儿阅读时注重的是图画和色彩；成人喜欢阅读一些对自己有帮助、有启发的文字，而幼儿喜欢阅读简单有趣的童话故事；成人阅读注重的是行文逻辑和有无实际意义，幼儿阅读时注重的是生动性和趣味性；成人阅读的目的是从中找到自己需要的有用的东西，而幼儿的阅读目的就是从中获得乐趣以及学会辨认简单的事物；成人阅读过的东西不喜欢再阅读，而幼儿却喜欢重复去阅读一些自己熟悉的内容……

这些阅读模式和心理的不同，要求父母不能按自己的阅读习惯去培养孩子，而要求父母在和孩子一起阅读时，要跟着孩子的阅读模式走，用他们最擅长的阅读方式去陪他们阅读。

我们知道，幼儿的读物主要是以图画为主的，所以家长不妨采用以下几种方法教孩子阅读，相信一定会对孩子的智力开发大有好处。

1. 重复阅读法。

有些书籍，孩子在阅读的时候，可以让他们多重复几遍，最好能达到背诵的程度。有时间了，父母还可以和孩子进行互动阅读游戏：比如父母念上一句，让孩子接下一句；或者让孩子说上一句，父母接下一句。这种阅读方式，大多用在儿歌和诗词上。

重复阅读的好处是，当孩子能够背出一些诗词时，就会有种成就感。特别当他们背出来，父母及时给他们掌声时，对孩子自信心的培养很有好处。

2. 提问阅读法。

给孩子提出一些问题，引起他们的阅读兴趣。比如父母在和孩子一起阅读《小红帽》时，如果孩子第一次接触这本书，家长就可以一边读，一边指着图画讲给他们听，要告诉他们："这就是小红帽，这是小红帽提的篮子，这是大灰狼……"

然后，在翻到下一页时，可以指着图画，问孩子这是谁，这是什么东西等。不要有"这么简单，有什么好说的"心理，不要用成人的思维来评价孩子。

3. 想象阅读法。

当家长给孩子读了某些故事或内容后，就可以让孩子发挥自己的想象力，猜猜故事的走向及故事人物的结局了。比如在读《白雪公主》这篇文章时，最后的结尾是“王子与白雪公主从此幸福地生活在一起，而王后变得非常丑陋”。这时可以让孩子从两个方面展开想象。一是让孩子想象王子和白雪公主是如何幸福地生活在一起的；二是让孩子想象王后变丑陋后是怎么生活的，并问孩子为什么会这样。

大科学家爱因斯坦曾经说过：“想象比思维更重要。”所以想象阅读法是培养孩子创造力的重要途径之一。

4. 角色扮演法。

在孩子熟悉了书中的内容后，父母可以把书里的角色进行分配，一家人一起来扮演书里的角色，演绎书中的故事。比如《小红帽》这个故事，父母可以帮助孩子给家人分配角色，比如让妈妈扮演书中的妈妈和奶奶，爸爸扮演大灰狼，孩子扮演小红帽等，然后再根据画面和故事情节，大家一起来表演这个故事。在表演中，一定要把每个角色的台词说出来，只有这样，才能让孩子更深刻地领悟到故事内容。

角色扮演法这种阅读方法不仅能使孩子感受到阅读的乐趣，而且还能培养他们良好的阅读习惯，提高他们对各个人物角色的辨别能力。

以上四种阅读方法是幼儿比较喜欢的，而且比较适合他们的阅读方法。父母在他们很小的时候，陪着他们这么阅读，随着年龄的增长，阅读内容的增多，我们会找到更多适合他们的阅读方式。

32

做个会讲故事的妈妈

给孩子朗读和讲故事无疑对孩子很有好处，有很多妈妈也喜欢给孩子讲故事，可遗憾的是，很多妈妈讲出的故事，孩子不喜欢听。这不仅无法培养孩子的良好阅读习惯，而且很可能让孩子失去阅读的兴趣。所以怎么做一个会讲故事的妈妈，并不是一件容易的事。

我们知道，孩子们经常喜欢看的童话故事，虽然是虚拟的，但每一个故事，基本都是想告诉我们一个道理，或者想教会我们什么。总之，都是和我们的现实生活息息相关的。所以妈妈在给孩子讲故事的时候，不应该只是简单地照本宣科，而是要通过“讲”童话与孩子交流对世界的认识。当你成为一个会“讲”故事的妈妈，慢慢地就会发现，孩子也许会从一个简单的故事里，直接学习到什么。

那妈妈们要怎么给孩子讲故事呢？

1. 对于 2 ～ 3 岁的孩子，妈妈们在讲故事的时候，只需讲简单的情节就可以了。因为那些故事，也许并不会对他们产生深远的影响。孩子们大多在五岁左右就会忘记更小时候听到的故事。而且这个年龄段的孩子，往往将自己和故事中的人物相混淆，所以故事情节越简单越好，他们喜欢、感兴趣的，也许只是一些可爱的动物形象。

2. 对于4～5岁的大孩子，妈妈在给他们讲故事时，要有意识地加一些引导。比方说，妈妈想通过“讲”故事的方法了解孩子对故事中人物和情景的理解，就可以这样问孩子：“你最喜欢故事里的谁?”“为什么?”这时要留意听孩子关于“为什么”的解释。因为这时候孩子的解释，才是他们最初的认识和想法。而这时的孩子，对于妈妈所讲的故事，不仅有了印象，而且在生活中还会受到影响，所以妈妈在讲到一些对的或错的事情或行为时，要加重语气，有意识地引导才行。

3. 对于一些现实中看不到的“人物角色”，妈妈可以用对比的方式，对他们着重解释。比如《小红帽》中的大灰狼，虽然孩子只能从电视里看到狼，妈妈也可以告诉孩子，狼和狗很相像，只是狼的尾巴像扫帚，更长，更大。这样，孩子们再听到关于狼的故事时，脑子里也就有了它的简单样子了。另外，妈妈最好告诉他们，《小红帽》中的大灰狼是个大坏蛋，猎人剪开它的肚皮是为了救出小红帽和外婆，顺便还可以告诉他们一些对待陌生人的常识。

4. 在给孩子讲故事的时候，妈妈可以有选择性地跳过一些情节，尤其是一些有可能令孩子感觉到不安和伤心的情节，就可以用一句话来概括。比如故事中比较血腥的、恐怖的、对小孩身心影响不好的场面，就可以总结为：“农夫发现小偷藏在柴屋里，就把小偷杀死了”，孩子知道了结局，就不会追问农夫是用什么方法杀死小偷的。

5. 在给孩子讲睡前故事时，要讲那些令孩子感到温暖和安静的故事。比如格林童话、安徒生童话里的大部分故事都可以作为睡前故事。不同的季节，还可以挑不同的故事来讲，例如安徒生童话里的《雪人》可以选择在冬天时给孩子讲；《柳林风声》可以在春天开始时给孩子讲。这样孩子听起来，会更有体会，甚至有身临其境的感觉。

总之，一个会讲故事的妈妈，她对讲故事的态度不应该是应付，而应该是认真对待。真正会讲故事的妈妈，是不会将给孩子讲故事当成在给他们唱催眠曲的。

33

鼓励孩子读他们喜欢的书

不管是父母引导孩子独立阅读还是陪着孩子进行阅读，前提必须是：孩子阅读的书是他们自己感兴趣的。父母是不能以自己的标准和爱好强迫孩子阅读他们自己不喜欢甚至厌倦的书的，不然不仅不能让孩子体会到阅读的好处，甚至很可能让孩子对阅读“敬而远之”，产生逆反心理。

有些父母肯定又要说了，他们不会选书，难道父母不能给他们做决定吗？

父母可以引导，但刚开始阅读，必须从他们感兴趣的书入手，然后才可以慢慢有意识地引导他们阅读一些对他们有益的书。随着孩子阅读书籍的增多，他们的知识面也会变宽，读书的兴趣自然也就更浓了。

可现实中经常有一些父母，他们不知道孩子喜欢什么书籍，不知道什么书籍对孩子合适，买来的书要么孩子不感兴趣，要么就是太浅或太深，把握不好度。总之，完全没有从孩子的角度出发，没有考虑他们的兴趣爱好。

父母在为孩子选书时，一定要从孩子的角度来选择，所以父母必须了解孩子的阅读兴趣，了解他们的性格特点，帮助他们选择可能感兴趣的读物，进而帮助他们认识世界和社会，辨明生活中的是非黑白。

有些家长又要说了，我们怎么知道孩子喜欢什么书呢？

其实方法很简单，家长可以通过观察，发现孩子们到底喜欢什么样的读物。例如，在书店里，如果孩子在某一类书柜前驻足很长的时间，并且饶有兴致地翻看；孩子不止一次地向家长提及某一类图书；当孩子阅读某一类图书时，能够迅速进入阅读状态，而且阅读的时间比较长。

如果发现上述现象的话，说明孩子比较喜欢这一类图书。

除此之外，还可以根据孩子阅读兴趣的发展阶段来为他们选书，通常孩子的阅读兴趣发展分为五个阶段：

第一阶段：图画童话期（2～4岁）

这个年龄段的孩子，能引起他们兴趣，并且能够对他们成长有好处的书籍就是一些趣味故事、教养故事、动脑筋故事等。这些故事会用生动的语言、形象的图画告诉孩子们，什么不能做，什么能做，什么是对的，什么是错的。所以父母可以为这一年龄段的孩子选择这种童话书籍。

这种童话故事又被称为“摇篮童话”，是幼儿们最容易接受并且感兴趣的读物。这种童话故事的特点就是短小，而且大多是动植物和非生物拟人化。

除此之外，画册也是这一时期幼儿们感兴趣的读物。由于幼儿们还不识字，他们只能通过看画册上的图画，或者结合图片听父母讲故事，图画让他们对所听到的故事有了形象感，所以会更容易接受。

第二阶段：民间故事期（4 ～ 6 岁）

这一时期的孩子最任性，而且最调皮。他们有时会故意通过反抗来撒娇，所以父母首先要先了解这个年龄段孩子的特点，不要压制他们的个性，但却可以通过一些他们喜欢的民间故事，帮助他们分清善恶，懂得爱憎。这时期，父母最重要的是采用引导的方式，让孩子明白事理。

为什么这一时期的孩子会喜欢民间故事呢？

首先，因为民间故事通常超越了时间和空间，脱离现实世界，比如大多民间故事以“很久很久以前，有一个……”开头。其次，故事里的主人公或其他人物角色离孩子们比较遥远，会让他们觉得有种神秘感，进而产生一种探索性的兴趣。再次，故事精短，结构完整，有明显的开头和结尾，是非标准明确，比如格林童话之类的。

第三阶段：人性寓言期（6 ～ 8 岁）

这个时期，孩子们大多已经去了学校，开始适应集体生活，和陌生人交往。这一切都让他们感到迷茫与新奇，迫切想融入这个大环境，但又不敢轻举妄动，处于观察周围事物的敏感阶段。

这时候，他们除了喜爱民间故事外，还会喜爱一些寓言故事。因为这些寓言故事不仅文字简短，而且很多都是对人性、社会现象的一种寓意，富有指导和教育意义，这符合孩子们了解社会人物关系的阅读欲望，比如中国民间寓言、《伊索寓言》等。另外，这个阶段的孩子们对大人物或英雄开始产生崇拜心理，所以一些人物传记、英雄少年类的图书也深受他们欢迎。

第四阶段：生活童话期（8 ～ 10 岁）

这个阶段，孩子们开始有了自己的一些认识，开始以自我为中心，变得自我起来。这一时期的孩子，对一些神秘的事物尤其感兴趣，而复杂一些的童话故事正好满足了他们的这种需求。

因为童话通常取材于孩子们经常接触到的现实生活，但却又充满了想象，这让他们开始向往一种不一样的生活。另外，童话对真善美、假丑恶等人性描述得比较深刻，对这个时期的孩子比较有借鉴和参考意义，代表性的作品有《安徒生童话》等。当然，除了童话书籍，孩子们还会喜欢一些科学类的书籍，这可以满足他们开始萌芽的冒险心理的需求。

第五阶段：长篇故事期（10 ～ 12 岁）

这个阶段的孩子，他们对大自然和社会环境的要求越来越高，英雄崇拜主义渐渐出现，友情、义气成了他们渴望又追求的东西，再加上冒险精神越来越强烈，英雄故事、神话传说等是这个阶段他们最感兴趣的读物。

这些英雄故事、神话传说故事都有一个特点：主人公令他们佩服得五体投地。读这类书，可以满足他们渴望成为英雄和交到英雄朋友的愿望。

当然，这个年龄段，男孩和女孩的阅读兴趣是不同的：除了上面提及的英雄故事、神话传说，男孩还喜欢读冒险故事、推理故事、体育故事、新发现故事等；而女孩则偏爱阅读一些浪漫爱情故事、温馨友情故事等。这个时期他们阅读的故事，已经可以由短篇升级为长篇了，比如《三国演义》、《红楼梦》、《格列弗游记》、《鲁滨孙漂流记》等。

家长又说了，鼓励他们读喜欢的书没错，可就怕他们喜欢那些不健康的书籍。其实这也不难解决，家长可以引导孩子读那种他们喜欢而又健康的书籍。比如在阅读过程中，家长可以和孩子一起探讨人物故事；而对反映人性丑恶的内容，则可以和他们一起进行多角度分析。

举个例子，比如家长与孩子阅读《爱迪生的故事》时，就可以引导孩子来思考：爱迪生为什么会成为一位大发明家呢？爱迪生为什么那么好问？这些好奇都给他带来了什么麻烦？哪些事情说明爱迪生具有实验精神？你还知道爱迪生其他的故事吗？

在孩子回答家长的这些问题时，随着对爱迪生了解的加深，他们对爱迪生的兴趣自然会越来越浓厚。当他们爱上阅读这种类型的图书时，也就慢慢远离那些不健康的书籍了。

又有家长说了，现在孩子上学压力多大呀，哪里有时间让他们看课外书？学校要考试的书他们都还没看完呢。

家长的这种想法，是错误的。只要孩子没有看不健康的书，父母就没必要过度干涉和制止。爱看课外书的孩子，考试成绩也未必差；不看课外书的孩子，学习成绩也不一定优秀。但是，前者的知识面却很宽，后劲也大；后者因为知识越来越窄，学习也就越发吃力。

同时，孩子的优秀与否，也并不能只看成绩。所以家长要把目光放远一点，如果能让孩子养成喜欢读书的习惯，是可以让他们受益终身的。而且孩子在进入中学阶段后，他们有了自己的判断标准，学习完全靠自觉。他们只要想用心，自然会用心学习，如果不想用心学，即使父母不让他们看课外书，他们也未必能好好复习功课。况且写作文的好坏，和阅读课外书籍的多少是很有关系的。

当然，如果孩子完全沉溺于课外书中，完全忽视了学校的功课，那也是不行的，任何事情都是过犹而不及的。所以在孩子看课外书时，家长们要注意以下几点：

课外书内容要健康、有益，适合少年儿童阅读；以课堂内容为主，不能主次颠倒；有备而读，读完之后，让孩子说出收获，最好指导孩子做读书笔记；节假日可以多看课外书，期中、期末考试复习期间少看。

34

培养孩子阅读报纸的习惯

读书识字年龄段的孩子，他们的好奇心通常都很强。除了对儿童玩具、用品感兴趣，他们对大人的言行举止也很好奇，很喜欢去模仿。比如看到父母在家里阅读报纸，他们也喜欢装模作样地拿起报纸看，即使上面的字不认识，甚至连报纸都拿反了。

父母在看到孩子的这些可爱动作时，不要笑他们，而要引导他们。最好选择报纸上那些比较适合儿童阅读的内容（比如插图比较多的副刊）和他们一起阅读，这对培养他们的阅读兴趣是非常有好处的。

不过，有些父母认为孩子读报会影响学习，所以孩子一拿报纸就嚷嚷，不让他们看。实际上这种担心是多余的。因为有句话叫触类旁通，每天读报，对学习也是很有好处的，也是在为孩子营造阅读氛围。

报纸版面丰富，信息量繁杂，很多内容孩子都无法消化。所以家里在订报买报时，一定也要考虑到孩子。可以有选择性地订一些少儿能看的报纸，供孩子选读。在为孩子选读报纸上的内容时，可以选择国内外的一些信息，让他们多了解世界的新闻。当然，重点还是给他们看一些专版和副刊上的各类知识性的文章、散文、小说、杂文等。

让孩子阅读报纸的时候，父母一定要以身作则，引导孩子读报。父母的责任在“引”与“导”上，这样可以起到事半功倍的效果。比如说，孩子看见父母看报，往往就会去模仿；如果父母看得津津有味，孩子就会产生好奇心，也会对这份报纸，这个内容产生兴趣。相反，如果做父母的整天都不看报，闲下来只知道打麻将、看电视、闲聊，却强迫孩子去读报的话，肯定不会有效果。

阅读报纸和阅读其他文章、书籍一样，都需要父母给孩子营造一种环境。家里订了报纸，日积月累，只要不丢掉，报纸自然就会越来越多。孩子在报堆里长大，耳濡目染，自然会对报纸感兴趣。当然，因为报纸上什么内容都有，所以父母在看报时，可以先把内容过滤一遍，挑出适合孩子阅读的文章，折在最显眼处，让孩子拿起报纸就能看到。

父母在看完报纸后，抽时间选择一些热点话题和孩子进行讨论，这对孩子也是很有好处的。因为报纸上的文章，最接近我们的生活，也是最新的资讯和信息，所以通过让孩子阅读报纸，能让孩子更了解生活，热爱生活。另外，父母也可以鼓励孩子在看完报纸后写读后感，并把不理解的问题记录下来，父母抽空帮他们耐心解答。孩子看报时间久了，还可以让他们尝试模仿报纸上他们喜欢的文体来写作，这对提高孩子的作文能力很有好处。

读报不仅能扩大孩子的视野，还能为孩子写作文提供素材。不管是父母还是老师应该都有这种感觉，那些经常看报的孩子，他们在写作文时，思路比那些不看报纸的孩子广，而且在作文中他们也能经常引用报纸上的人物和事件，这样写出的文章，既紧跟形势，又很鲜活。

可以毫不夸张地说，报纸是孩子必不可少的“精神食粮”。从报纸上获得的好处，很多是从图书阅读中得不到的。所以那些在孩子还不识字时就给他们念报纸的父母，是比较懂得培养孩子的阅读能力的。

不过，看报纸也不一定全是好处，报纸上有些内容是不适合孩子看的。

有位刚满五岁的小女孩，她没事就喜欢站在桌边翻报纸看图片，可有一天她翻着翻着，突然一脸惊恐，接着“哇”的一声哭了。妈妈探过头去看，原来上面有一张因交通事故而造成死伤的照片。孩子看到这种照片害怕是正常的，因为这时的他们，对生死概念还不完整，支离破碎的、充满血腥的死亡信息自然让他们感到害怕。

这时候，父母就要及时安慰孩子，并告诉他们，这种突发事件是偶然的，不会轻易发生在自己和父母身上。并且借此机会教给他们一些避险、交通安全和面对陌生人的常识，可以用一些色彩鲜艳明快的图例，如安全知识漫画，来教导孩子。

还有，假如报纸上出现一些露骨的“性”方面的新闻内容，如果孩子表现出了很大的兴趣，父母不要责骂，而要耐心对他们做一个恰当地“性”教育。千万不要用“这是错误的，你长大了千万不能这样！”“这样做就是不要脸！”等语句来教育孩子，这很可能激起孩子的逆反心理。

所以说，在孩子还无法分辨一些是非、对外界还处于懵懂无知的阶段时，父母给他们读报会比他们直接看好，因为父母在为他们读的时候，会有意识地避开一些不适合他们“消化”的东西。

从以上分析可以知道，孩子阅读报纸是有很多好处的，但如果阅读的内容“不好”，对他们身心发育也会产生负面影响，所以做父母的在帮助孩子阅读报纸时要注意以下几个方面：

1. 内容必先过滤。我们也知道，报纸上什么内容都有，特别是一些娱乐内容比较多的报纸，上面的图片或内容，都不是很适合孩子看。所以在帮孩子读报或者让孩子自己读报的时候，要有选择性地让他们看。那些比较露骨、惊悚、冲击力比较强的图文尽量要避免被他们看到。

2. 引导孩子读健康有意义的内容。父母要有意识地介绍一些好文章给孩子读，比如一些描写各地风土人情的文章，这样可以增长他们的见识，拓宽他们的眼界。

3. 留意孩子看新闻后的反应。在给孩子读了报纸上的一些内容，或者选择性地让他们自己看完一些内容后，一定要抽时间和他们聊聊他们的感受和想法。

4. 如果孩子读报后有不安情绪，父母一定要及时疏解。比如看到一些大灾大难的新闻时，孩子如果产生恐惧或不安情绪，父母一定要采用一些方法，转移他们的注意力，并及时给他们进行心理疏导。

总之，只要父母将阅读报纸也当成是帮助孩子养成阅读习惯的一种方式，孩子的阅读能力一定会得到有效提升。一句话，孩子的阅读，不是非得抱着一本书才能实现，生活中经常接触到的很多“文字”，都可以纳入孩子阅读的范畴。

第五章

不慌不忙的阅读智慧

怎样为孩子选择图书

帮孩子选择图书，需要方法，也需要智慧。父母要根据孩子的年龄阶段、阅读能力、兴趣爱好，为他们选择合适的健康的质量好的图书，千万不能忙中出错。因为，阅读一本不适合的书，比不阅读还要糟糕。

35

根据孩子的年龄选择图书

如今，书店里给孩子阅读的图书种类越来越多，很多父母也意识到了阅读的重要，非常愿意为孩子购买图书。有些父母甚至大量购买图书，市场上有什么书就购买什么书，几乎把图书和玩具当成哄孩子玩的“宠物”。

可这些父母给孩子买书的目的是什么，恐怕连他们自己也不知道。只是觉得孩子有必要读，或者别的孩子有了，自己的孩子也一定得有。他们把给孩子买书，当成了满足他们愿望的一种手段，根本不考虑孩子是不是真的喜欢这本书，适不适合看这本书，有些父母甚至连这本书写的是什么都不知道。

大部分家长在为孩子选购图书时，最多也就考虑三点：一是内容和难度是否适合孩子；二是是不是新出的，家里有没有买过；三是价格是否可以承受。因为大多数家长只注意这三点，所以在书店里经常不管三七二十一，看见差不多的书就买，家里的书是越堆越多，有些甚至一直都没开封过。父母不知道，自己的这番“好意”，未必对孩子有好处，因为这些书既多又杂，缺少一个系统性。而且更重要的是，他们根本没考虑孩子是否对那类书感兴趣。

下面提供几条原则，父母在给孩子选择图书时可以重点参考。

第一，内容上要健康。这是父母在给孩子选购图书时，首先要遵循的第一条。一本内容健康的读物，会给孩子带来健康的心理；一本内容不健康的读物，必定会伤害一个孩子的心理。

第二，装帧上一定要过关。父母给孩子选择图书时，一定要选择正规出版社出版的书，因为正规出版社出版的书，装帧上也会比较正规和精良。另外，选择图书也要有技巧，比如说，选择平装书，它的纸张一定不能太硬太薄，太硬太薄容易割破孩子的手。而在选择精装书时，书角最好是包角或圆角的，否则也容易戳伤孩子。

第三，书籍内容要和孩子年龄相符。给孩子选择儿童读物，父母一定要考虑到孩子的年龄，只有根据孩子年龄和心理特点选择的图书，才是最适合孩子看的。

第四，符合孩子的兴趣。对于一些年龄稍大的孩子，父母在给他们选择书时，一定要考虑到他们的兴趣爱好。喜欢科普的，就给他们多买一些科普类图书；喜欢寓言、童话的，就给他们多买一些故事方面的书籍；喜欢小说的，就给他们多买一些世界经典小说；等等。

第五，购买数量一定要控制。一些父母喜欢给孩子买书，而且一买就是一堆。特别是遇到书店打折时，不管什么书，甚至不管家里有没有，一股脑儿地搬回来，好像买少了自己就吃亏了。俗话说“物以稀为贵”，一下子给他们买那么多书，肯定会降低他们的阅读热情的。花钱起不到好的效果，何必呢？

父母在选书时，要把孩子的智力发展需求考虑进去。简单地说就是，两岁以内的孩子，他们大多会注重书籍的纸张、版面、色彩；两岁以上的孩子，他们更注重图画和内容。所以，在给孩子选书时，必须考虑孩子的年龄和认知能力，在此基础上，选择一些他们能理解、感兴趣的书籍。

知道了以上五条购书的原则，我们再根据孩子的年龄特点，具体分析一下如何给他们选书？

第一阶段：一岁左右的孩子。

这是教他们认识不同事物的阶段，可以给他们选择以彩色图画为主的书。一些简单的物体图画，只要颜色鲜艳，通常都能吸引他们的注意。通过这些简单的图画，让他们认识一些目前看不到的东西。

在孩子们看这些画片或画册时，如果上面是一些动物图案，父母可以一边说出动物的名字，一边模仿它们的叫声，并教孩子模仿这种叫声。这对孩子记住新鲜事物以及练习发音非常有好处。

第二阶段：两岁左右的孩子。

可以给他们选择有大幅图画的书，而且这些图画的内容最好是他们比较熟悉的事物，比如日常用品、人物、动物、交通工具等。画面要尽量简单，而色彩要尽量鲜艳。这些图书有助于开阔孩子的视野。

第三阶段：三岁左右的孩子。

这时候，父母给他们选择的图书就要图画和文字相结合了，最好还能有简短有趣的故事情节。这些故事情节，最好能反映他们所熟悉的事物。在父母给孩子念这些故事内容时，最好能让孩子跟着一起念，这样可以锻炼他们的语言能力。

另一方面，这个年龄段的孩子，是对纸、图画书最感兴趣的时候，他们会充满好奇地撕这些书，撕这些书是因为好奇，所以在孩子撕书时，不要过分责骂，因为这并不代表他们不爱书，而是觉得好玩。所以父母除了给他们耐心讲解不要撕书外，还要选择一些纸张不容易撕破的书。

第四阶段：四岁左右的孩子。

父母给这个年龄段的孩子选书，就要选择有故事情节的书了，而且书的内容最好能反映同年龄段孩子能做的事、生活上发生的事，书上的故事情节一定要简明扼要。在孩子阅读这类书时，父母还要鼓励他们将书里的故事讲出来，甚至适当提问让他们作答，以锻炼他们的思维和语言表达能力。

第五阶段：五岁左右的孩子。

这个年龄段的孩子，已经有了他们的认知。为了让他们了解更多故事、更多细节，可以给他们选择带有故事情节的连环画、绘本和童话等。这些故事最好能反映现实社会中的真实人物和故事。父母通过给他们讲述书中内容，可以达到与孩子沟通交流，锻炼他们语言表达能力的目的。在给孩子读书时，家长尽量绘声绘色，模仿故事中动物的声音，来提高孩子的兴趣。

第六阶段：六岁左右的孩子。

给这个年龄段的孩子选书时，不仅要有文字和图画，而且故事情节最好带有一定的趣味性。因为这时的孩子对外界一切事物都感到好奇，并渴望了解和尝试新鲜事物。这时候，父母最好可以和孩子共同阅读，在给孩子讲了大概故事后，父母最好可以让他们根据图画，复述一遍自己所讲的内容。当然，这时候，要有意识地教他们识字，以及给他们分析一些字义了。

其实，每个小孩都有自己的特质及独特的性格。父母只要多和孩子交流，做孩子的朋友，多了解孩子，就能很好地为他们选择出既适合他们阅读，又让他们感兴趣的书籍。

36

以孩子的阅读能力为出发点

给孩子选择图书，除了要考虑他们的年龄外，还要考虑他们的阅读能力。

研究表明，通常一个孩子阅读兴趣的高低，和父母给他提供的图书是否丰富成正比。而阅读兴趣越高的孩子，他们的阅读理解能力也就越强。

那么，怎么判断家里的图书是否丰富呢？是不是给孩子买越多书就越丰富呢？当然不是。很多父母因此而苦恼，如果让孩子自己选择图书吧，他们只买和动画片有关的；如果光买孩子愿意看的吧，又怕孩子的阅读面窄；如果自己做主给孩子买各种类型的图书吧，又怕他们不爱看。总的来说，很多时候，孩子的兴趣与家长的期望之间，总是很难找到恰当的平衡点。

对于选择什么图书给孩子，需要依据孩子的阅读兴趣和阅读能力而定。下面提供几种给孩子选书的方法，供父母们参考。

1. 选择孩子感兴趣的、符合他们生活的图书。

比方说，有的孩子很喜欢动物，父母不妨选择和动物有关的温情故事，像《没有耳朵的兔子》、《小猪的星期天》等；如果家里的孩子是女孩，她们通常喜欢听公主和漂亮的女孩的故事，那不妨为她们买《白雪公主与七个小矮人》、《灰姑娘》等。这些惩恶扬善的故事，对孩子很有教育意义。

还有一些孩子，他们由于很小就接触阅读，而且悟性很高，一些简单的故事已经不能满足他们的需要了，这时候，父母就可以给他们找一些情节曲折、内容复杂的故事。当找准了孩子们感兴趣的图书类型后，以后为孩子选择图书就会轻松很多。

不过，如果孩子不爱动脑筋，只喜欢看远远低于自己年龄的图画书、画册或者看一些意义不大的书，那么家长就有必要对他们加以指引，给他们介绍能帮他们提高能力的图书。

2. 选择能够丰富孩子语言的图书。

这些图书，包括儿歌、童谣、故事书、小诗歌等。这类图书因为语言丰富，并且带有优美的图画，有故事，有情节，完全能够满足孩子语言发展的需要，对提高他们语言表达能力非常有好处。比如《彩色的乌鸦》有这样的描写："当五彩缤纷的乌鸦落在树上时，大树变得绚丽多彩，就像春天又回来了。"孩子很容易对这些平常不可能听到的优美词句发生兴趣，并记在心里。

3. 选择能够帮助孩子积极参与阅读的图书。

对于一些定性不足，一遇困难就躲避的孩子，父母可以选择一些里面有很多重复语句、反复性内容或情节的图书，比如大家熟悉的《好饿的毛毛虫》、《三只蝴蝶》、《拔萝卜》、《爱吃苹果的鼠小弟》等。

这些简单的故事内容，符合孩子们简单的思维模式，很容易吸引他们阅读。不过，也正因为重复、单调乏味，这些书可能很快让孩子失去兴趣。所以就需要父母在给孩子朗读时做到绘声绘色，或者进行表演性阅读，这样的话孩子才能对阅读保持兴趣，才可能很快沉浸在故事情节中，也才能尝试着自己复述或表演故事。

4. 选择能够丰富孩子知识的图书。

这类图书大多是描述一件或一类物品，通过这种物品，能够帮助孩子们搞清楚名称、形状、大小、重量、感觉等抽象概念，有效地促进孩子认知能力的发展。

知识类的图书内容很丰富，人体、动物、植物、机械、天文、地理等都可囊括在内。这种图书能够很好地满足孩子的求知欲，丰富他们对世界的认识。

除了以上所介绍的四种方法外，父母还可以根据孩子的性格、性别为他们选择书籍。

对于个性胆小怯懦的孩子，父母可以给他们选择《钢铁是怎样炼成的》和《窗边的小豆豆》等，保尔的大无畏和顽强，以及小豆豆的坚强成长史，都可以让孩子们感受到一种正面的力量，使他们变得更坚强；如果有些孩子染上了爱说谎的坏习惯，那就可以给他们买卡洛·科洛迪的《木偶奇遇记》，故事里那个一说谎就长鼻子的匹诺曹，一定会给孩子留下深刻的印象，并让他们慢慢改掉撒谎的坏毛病；如果孩子很调皮，父母可以给他们选择林格伦的《淘气包埃米尔》，书里那罕见的淘气包，闹出了无数麻烦，但他却是善良和勇敢的，如果孩子读了这书，对约束他们自己的言行应该会有帮助。

对于女孩，父母可以给她们推荐杨红樱的《女生日记》，这部小说描写的是一个小学女生成长的快乐和烦恼。男孩子则可以给他们推荐《三国演义》等书，这可以让他们学会仁德、忠诚、义气、信任等美好的品德，也可以让他们热血沸腾，圆他们的少年英雄梦。

当父母掌握了这些选书的原则，而且对孩子的阅读能力也有正确认识的时候，再走进书店，就不会再出现面对琳琅满目的图书而纠结选什么书的情况了。

37

选对健康儿童读物非常重要

孩子阅读的重要性前面已经讲过很多，不过，只有好的阅读，才能对孩子的成长起到正面作用。好的阅读，首先就是给孩子选择好的读物。但是，很多家长在给孩子选健康读物时，却在认识上走进了一个误区。

有位小朋友曾写了这样一篇日记：有一天，我考试考了全班前五名，妈妈决定奖励我，要带我去新华书店买书。我非常高兴，可和她刚一进书店，她便让我挑辅导教材，那些我喜欢的童话书，她翻都不让我翻。还说那些书不健康，读那些书就是浪费时间。妈妈，您知道吗？正像我每天要吃许多种蔬菜来增加营养一样，我也需要各种各样的书来充实自己的头脑。女儿看课外书并没有错，我从来也没有因此影响过学习，相反读课外书还使我的学习大大进步了！

孩子的这篇日记，写得非常好，每位家长都要听听孩子的心声。同时，这也给家长两个警示：第一，孩子阅读的书籍，不一定非要和课堂知识有关；第二，与课堂内知识无关的书籍，不一定就是不健康书籍。据说蜜蜂大约要在一百万朵花上采花粉，才能酿出一公斤蜜。这件事告诉我们：孩子要想成才，必须博览群书，开阔自己的视野，拓宽自己的知识面。

心理学家表示，成为人才的心理前提就是要有广阔的兴趣。孩子们在学校所学的课程无疑是必要的，也是各种知识的基础。所以让孩子读好课堂内的书，当然无可厚非，但是，如果只把课本当成孩子们获取知识的唯一途径，也就太片面了。

孩子们如果能多读点课外图书，对开阔眼界、丰富想象力是非常有好处的。同时，多读课外书还可以发现孩子的特长，发展他们的兴趣爱好，这些对孩子身心的成长都很有帮助。

有的家长可能要说："不是我们不给他们看课外书，主要是现在的课外书，全都太成人化了，根本不敢让孩子看。"

确实是，家长的这个担心是有道理的。如果我们到书店和书摊去转转就会发现，很多小孩子聚集在成人小说专柜前，津津有味地翻阅着各类恐怖图书。而据一些书店的工作人员称，平时购买恐怖小说的多以年轻人居多，而学生更是恐怖小说的主要购买群体。

随意翻看那些恐怖书籍，凶杀、暴力、血腥、悬疑、鬼怪等阴森恐怖的内容充斥其中。而且，部分书籍中的故事多以校园为背景，故事的主人公也大多是年轻的学生。如果孩子们阅读这类书籍多了，对他们的成长是非常不利的。

恐怖小说，简单来说就是让读者阅读起来感到恐怖的一种文学形式。恐怖小说大多以让读者心理产生恐怖为主要目的，不过，如今很多恐怖小说加入了多种元素，比如推理、侦探、灵异等，甚至还有阴谋、人性、爱情等话题。如果恐怖情节只出现在成人读物里还好，但令人忧虑的是，在一些儿童图书中，竟然也混杂着一些"连大人看了都觉得接受不了的"恐怖情节，里面的句子诸如："苍白的脸"、"血淋淋的手"等，非常多。

对于这种恐怖小说，教育专家并不提倡孩子们看。他们说，儿童时期是孩子们想象力最活跃的时期，一些"恐怖词语"严重超出了孩子们的承受能力，不利于孩子们尤其是幼儿的身心发展，严重者还可能让孩子产生精神障碍，造成阅读紧张。

孩子由于性格还不稳定，是非辨别能力差，如果经常接触恐怖类小说、电影的话，很容易产生冲动行为，给他们的成长带来负面影响。只有健康的读物，才对孩子的身心发育有好处。

那什么是健康的儿童读物呢？

实际上就是那种有助于培养孩子思想品德、陶冶其高尚情操、为良好人格奠基的读物。孩子们通过阅读这样的儿童读物，可以从中学会友爱、互助、独立、做人。比如《木偶奇遇记》，这本经典儿童读物，在我们父辈祖辈时就已经很流行，但现在给孩子看，依然很有意义。

故事讲的是：有位老木偶匠盖比特，他亲手雕刻了一个小木偶，并给小木偶取了个名字叫匹诺曹。匹诺曹在被注入魔法后，有了生命力，他一心渴望成为一个活生生的男孩。为了实现这个愿望，匹诺曹找到善良的蓝仙女。蓝仙女答应了他的要求，但却有一个附加条件：匹诺曹必须学会诚实、勇敢、不自私自利，而且同时作为惩罚，每当匹诺曹说谎时，他的鼻子便会不断地变长。的确，诚实并不是一件可以轻松拥有的美德，还没有认真意识到诚实的重要的匹诺曹，鼻子很快就越变越长，并且麻烦的事情也接踵而至……终于，经过无数艰辛的磨难和考验，匹诺曹总算了解了诚实、勇敢、勤奋的真正含义，他最终也实现了自己期待已久的梦想——变成一个真正的活生生的“人”。

这类图书就是健康的儿童读物。这种图书，在孩子阅读完后，会在他们心里留下“不能这样做”，而要“那样做”的印迹，能帮孩子反省自己身上的缺点，逐步完善他们的品德修养。

总之，只有健康的儿童读物，才能对孩子的大脑起到开发作用，促进他们人格的培养，帮助他们身心得到健康的成长。

38

为幼儿选择图书应该注意什么

市面上的各种大同小异的婴幼儿书籍，让人看得眼花缭乱，这些书籍的质量怎么样？适不适合孩子阅读？适合婴幼儿阅读的书籍都有哪些呢？这些问题成为目前很多父母最头疼的事。

最开始，肯定是选择一些卡片类的读物了。这样就可以随时随地地教他们：这个是冰箱，这个是电视，这个是白菜。慢慢地，可以从具体物品进入到抽象概念，比如颜色形状、味道触觉等。然后再开始选择带有文字的插图绘本。最后就可以选择纯文字的读物了。

给婴幼儿选择书籍，一定要慢慢来，一步一步地来。

孩子们其实天生是喜欢阅读的。比如说，生活中我们常会看到那些三四个月大的婴儿，他们即使看到彩色纸条飘动，也会开心得手舞足蹈，双脚乱蹬，嘴里还会时不时地发出“a、o、y、p”等字母发音；有些孩子在一岁半左右时就会翻阅画册或图书了。所以，在孩子小的时候，一定要给他们选择一本美丽而有趣的图画书，那将会是他们人生的启蒙书。

给婴幼儿选择图书应该考虑到婴幼儿的生理和心理发展特点，要选那种他们能接受，并易于“消化”的书。那什么是他们能接受，又容易消化的图书呢？

对于刚刚开始认识世界的一两岁的幼儿，父母最先要做的应该是帮助他们熟悉环境和记住一些简单的事物。所以在图书的选择上，可以选那些没有背景、形象逼真、构图清晰、色彩明快的动植物画册和图书。

对于已经慢慢熟悉周围事物的三四岁的幼儿，父母可以为他们选择画面清晰、色彩鲜艳、有简单情节的生活故事或童话故事。这个阶段的孩子，最吸引他们的还是那些生动逼真的图画，不过对于有衔接的故事，他们已经可以慢慢开始接受了。

对于性格已逐渐形成的四到六岁的幼儿，他们对善、恶、好、坏已有基本的判断，这时可以为他们选择文字量多一些的童话、寓言、神话、英雄故事以及描绘儿童生活的图书，也可以选择简单介绍科学知识的科普图书。在孩子的这个阶段，家长可以给他们多买一点书籍，以满足他们成长的需要。这些图书在满足孩子求知欲的同时，还可以开拓他们的视野，教会他们简单的做人的道理。

下面详细列举一些给婴幼儿选择图书的标准，家长们不妨参考一下：

1. 纯娱乐图书，就是选择那些能让宝宝开心、开怀大笑的图书；

2. 选择那些质量好的书，能耐得住孩子多次使用，甚至撕扯的图书；

3. 选择那些和小宝宝形象、场景相似的图书；

4. 选择那些故事内容简单的图书；

5. 选择一些顺应时代发展，内容让孩子们感到熟悉的图书；

6. 选择一些国外的优秀读物，能扩展宝宝视野的图书；

7. 选择适合孩子感觉、视觉需求的图书；

8. 选择能够帮助孩子树立自尊心和自信心的图书；

9. 选择可以给宝宝带来安全感的图书；

10. 选择宣扬正面力量的图书；

11. 选择那些能增加宝宝词汇量的图书；

12. 选择能丰富孩子心灵的诗集，等等。

另外，家长们在给婴幼儿选择书籍的时候，还应该特别注意，不能选择那种内容比较偏激、场景比较吓人的书籍，也不要选择那种人物划分带有种族、阶层、宗教、文化、年龄和工作偏见的书籍。还有那些揭露社会阴暗面的、过于悲伤的图书，也不应该给他们看。

39

适合孩子的图书内容有哪些

从近年来作家富豪榜的上榜名单中我们可以看到，给儿童写作的作家有好几位上榜，这就说明孩子的阅读市场还是很大的。可也正因为孩子的读物市场大，才导致不健康的儿童读物有机可乘，大量低水平的儿童读物充斥书市，让整个阅读市场显得良莠不齐。

不健康的儿童读物对孩子的危害很大，那应该选用什么样内容的图书，才对孩子的阅读有帮助呢？

父母在为孩子选书时，首先要坚持宁缺毋滥的原则。因为孩子的阅读量有限，而且辨别是非的能力并不是很强。如果他们长期接触一些平庸的作品，甚至一些不健康的作品，对他们不仅没有好处，反而还会起到误导作用。

拒绝平庸，阅读经典，是孩子阅读的需要，也是他们成长的需要，父母一定要清楚地认识到这一点。

美国诗人惠特曼曾写过这样一首诗：

有一个孩子每天向前走去，
他看见最初的东西，
他就变成了那东西，
那东西就变成了他的一部分。

孩子们在最初向前走的时候，看到了什么，也就吸收了什么，吸收了什么，最后在他们身上反映出的，也就是什么。如果在最初，让他们看到真，看到善，看到美，看到快乐，看到幸福，那么他们也会变成真善美、快乐、幸福的人。所以让孩子阅读优秀作品，才可能让孩子变得更优秀，更健康。

《三字经》里说："昔孟母，择邻居"。孟母之所以要三次搬家，就是为了给孟子一个好的环境，让他接触到更多优秀的人。而我们让孩子看书也是这样的，看书对孩子来说，就跟交朋友一样，阅读好的书，也就是交了好的朋友，阅读不好的书，也就是交了不好的朋友。所以对于孩子"朋友"的选择，父母一定要像孟母一样，"择"优而阅。

现在市面上的儿童读物很多，优美的诗词，朗朗上口的童谣，大师名家的童话、小说，真是举不胜举，这些都可以作为优秀备选书类。当然，父母也不能只选择古典名著，只选择名人大家的作品，好的儿童书籍不一定都是出自名家的，也并不一定是那种市面上畅销的图书。优秀和经典的书籍都需要我们用心去选择。

那我们到底要选择什么内容的书籍，才能满足孩子的阅读需要呢？法国著名文学史家保罗·亚哲尔给了一些建议，不知道如何选择的父母可以作为参考。

1. 忠实于艺术的书。也就是要有文学内涵的书，内容恶俗显然谈不上“艺术”。有着文学内涵的书能陶冶孩子的情操，培养孩子的观察力、想象力，让他们有“美”的享受。比如一些好的诗歌、散文、童谣等。

2. 能让孩子产生喜悦心情的书。阅读的首要目标就是让孩子心情愉悦，这样的书能够保护孩子，守住他们想象中的幸福，避免被过于冷酷或悲伤的现实伤害。比如那些经典童话故事、科幻小说等。

3. 能启发孩子、给孩子带来知识、帮助他们认识人性的书。这类书能够培养孩子高尚的情操，帮他们找到榜样的力量。比如一些讲述传统美德的故事书，以及名人传记、英雄传说类图书等。

4. 体现人类高贵情感的书。读了这种书，孩子们懂得尊重一切生命，包括动植物的生命。比如一些自然科学、生命科学方面的书。

5. 趣味性较强的游戏类图书。孩子天生就爱做游戏，游戏方面的书，可以让孩子的思维更活跃。通过做游戏，孩子可以拥有敏锐的观察力和活动能力。比如带有游戏性质的绘本、图画书。

总之，给孩子选择书籍，一定要选那种能帮助他们成长，能让他们受到启发的书籍。

40

如何给孩子选“晚安”教材

孩子喜欢在临睡前听妈妈讲故事，很多妈妈也都有在孩子临睡前读故事的经历。临睡前的阅读时光，可以说是很多人美好的童年记忆之一。

睡前阅读，不仅是一种增进亲子感情的好方式，而且还是提高孩子各方面能力的好方法。

有个叫雪儿的四岁小姑娘，她性格活泼热情。幼儿园老师们都反映说，她的词汇量明显大于其他同龄孩子，而且她语言表达顺畅得体。雪儿的父母听后当然很高兴，许多孩子家长就问雪儿的父母，是怎样培养出雪儿这么出色的小孩的？

雪儿的妈妈说，这都归功于雪儿喜欢看书听故事这个习惯。她说，在雪儿很小的时候，每晚临睡前，她都要父母给她讲故事，每天两个，雷打不动。父母不讲完，她就不睡觉。

其他家长就问雪儿的父母，每天晚上都给她讲什么故事？因为很多家长也试过在临睡前给自己的孩子讲故事，可孩子听后，越发兴奋，根本睡不着觉。

雪儿的妈妈说，她给雪儿讲的是安徒生和格林童话原著。雪儿妈妈说，她最初选择读童话原著给雪儿听，也是不得已而为之。在雪儿出生后不久，她就和先生去国外交流学习了，留下雪儿和奶奶生活在一起。那时雪儿还不会发音讲话。等到他们回国后，雪儿已经快三岁了，见到他们的第一声招呼就是带有浓重地方口音的“爸爸、妈妈”。他们给她玩具时，她也不说话。问她喜不喜欢，她只是害羞地低下头，不说话。

为了让雪儿和自己亲近起来，而且改掉浓重的地方口音，他们便开始给雪儿选购童话故事书，每晚睡前用普通话给她读。

可如今书店里的儿童图书，质量参差不齐。有些图书里错字别字特别多，更不要说标点符号了。甚至那些经过缩写的名著，语言表达含混不清，没有节奏感不说，连起码的逻辑性都没有。他们在经过多方面的参考和对比后，最终给雪儿选择了原版的安徒生童话和格林童话。

雪儿妈妈还说，刚刚开始给雪儿读的时候，雪儿也不喜欢听，表现得很不耐烦。最后她从孩子的角度出发，考虑到孩子接受童话原著有点困难，因为故事里有的人名较长，故事里的文化背景和我国的相差太远，孩子不爱听也是理所当然的。

于是，雪儿妈妈在给雪儿读书的时候，如果发现生僻词，就先给她解释含义，并找出一些同义词来比较，同时还随机设计出一些情景表述，让雪儿来选择，培养雪儿对词汇使用的准确判断。对于那些涉及文化、民俗背景的词汇，她也简单地给雪儿做解释，让她明白世界很大，各有不同。慢慢地，雪儿越来越喜欢这些童话故事，而且有了自己的理解和看法。等雪儿稍稍长大一些，有了自己的阅读能力时，她便不让父母给读了，要自己看。

雪儿为什么会喜欢上童话原著呢，就是因为原著里的故事不仅会重视情节，对心理描写也很到位，所以更容易让孩子产生兴趣。很多孩子在读原著的时候，甚至觉得故事里的主人公就是自己。所以他们会从自己的角度来跟着故事情节的发展思考问题，想办法。这样，在接下来发展的情节中，他们就会尤其关注和自己想象差不多抑或差别很大的结局。

这些都可以让孩子学会思考，并让他们渐渐意识到，事情总是有很多种解决方法的，之所以每个人会选择不同的方式来解决问题，就是因为个性不同。懂得这些，孩子们再遇到事情的时候，很可能就不再去钻牛角尖，把自己的想法强加于别人。这种尊重别人想法的习惯，对孩子与人交往能力的培养很有好处。

童话中大多融汇了很多美好的哲理，非常适合孩子们阅读。特别是一些经典童话，比如《丑小鸭》告诉孩子，不要自卑，坚持对理想的追求，有一天终会战胜挫折，获得自己想要得到的东西；《勇敢的小裁缝》告诉孩子，遇到困难不要害怕，多动动脑筋，一定会找到解决的办法……

有一些童话所蕴藏的意义，孩子在阅读时，未必能全部领会得到，但只要他们阅读了，总会在脑海里留下印象。随着年龄的增长，童话在脑海里留下的印迹就会像种子一样，慢慢在孩子的心里发芽，最终在个性发展和学习习惯上表现出来。

所以父母们不妨借鉴一下雪儿母亲的做法，给孩子选一些合适的睡前读物，来开启他们的心灵之门。

可如今的儿童故事读物五花八门、内容繁杂，家长们如何选择适合孩子睡前阅读的“晚安”教材呢？下面给大家提供一些方法和注意事项。

1．尽量选择短小简单的故事。

孩子在成长阶段，对新奇的事物有着强烈的好奇心，短小简单的故事既可以满足孩子的好奇心，又可以起到教育孩子的目的。如果故事过长，孩子听着听着就容易走神，或者越听越兴奋，导致失眠，无论出现哪种情况，都达不到朗读“晚安”教材的目的。

2．故事要温馨，不要含有鬼怪情节。

孩子在听了鬼怪故事或者看了带有恐怖色彩的图书后，会产生恐惧感，精神过度紧张，从而导致失眠，严重的话会影响孩子的心态和性格。

3．根据孩子性格选择晚安故事。

孩子如果有性格上的不足，家长可有针对性地选择一些适当的故事，潜移默化地引导孩子性格向良好的方向发展。比如对胆小害羞的孩子，要多讲些英雄勇士的故事；对顽皮、不懂礼貌的孩子，要多讲些谦逊礼让的故事；对虚荣心强的孩子，要多讲些颂扬内在美的故事。

4．要及时与孩子沟通。

睡前故事对孩子性格的养成有着很重要的促进作用。家长在为孩子读故事的时候，针对孩子的提问，及时与孩子沟通，不仅可以启发孩子的思维，同时也可以激发孩子的阅读兴趣和提高他们的沟通能力，这是一举多得的事情。同时，家长也要注意随着孩子年龄、性格、心智的变化来选择不同的阅读材料，来改进沟通方法。

41 孩子的图画书怎么选择

我们知道，婴幼儿在阅读时，大多是以图画和语音为主。语音是指父母给他们朗读的故事，而图画则是指那些图文并茂的故事。

婴幼儿还不识字，更没什么生活经验，所以他们只能通过图画来理解故事，了解事物。心理学家也曾通过研究得出结论，图画书是幼儿最喜欢的也是最适合他们阅读的书。所以如何选择图画书，成了父母们为孩子选择图书的重要一环。

在我们说怎么选择图画书之前，我们先来了解一下什么叫图画书。

如果从字面上来理解的话，图画书就是带着插图的书。其实这说法并不恰当。严格来说，图画书应该是指用图画来讲述故事的书。正宗的图画书通常都是有图有文的，而且图和文都是一一对应的。如果图与文毫无关系，或者图画仅仅作为插图存在，这种书并不能称之为图画书。

日本图画书大师松居直曾说："图画书不是图画加上文字，而是图画乘以文字。"什么意思呢？通俗一点说就是，图和文是互相融为一体，互相补充，完美结合的。所以要想为孩子选择一本好的图画书，应当从三个方面的因素考虑，那就是：图画、文字和内容。三者缺一不可。

首先是图画。

图画书的图画一定要有可欣赏性，如果没有一定的欣赏价值，只是胡乱应付的绘画，那肯定算不上是一本好的图画书。如今市场上有很多书上的图画，都是用电脑制作的。颜色虽然很鲜艳，但看起来却很失真，里面的人物和动物形象也都显得很呆板，非常模式化。有时候拿起几本书来一看，里面的图画都是差不多的。所以父母在为孩子选图画书的时候，一定要看清楚，用一个模板做出的图画，对孩子的审美是有损伤的。

和那些粗制滥造的图画书相比，一些经典的图画书，里面的图画颜色并不鲜艳，甚至有些还是黑白的，但却形象生动，活灵活现。每一幅画，都可算得上是一件艺术品。如果孩子们阅读了这样的图画书，对他们的审美能力和鉴赏能力，都会大有好处。

其次是文字。

如果说，一本好的图画书里的图画给孩子们带来的是一场视觉盛宴的话，那文字一定是美味的佳肴了，是值得孩子们去品味的佳肴。可现在很多图画书中的文字，文字粗俗，语言成人化，完全不考虑孩子的年龄，读起来毫无美感，更不要说让人品味了。

好的图画书中的文字，应该是简练的，长度和复杂性绝对不能超过孩子的理解能力，长度要在孩子专注力范围之内，使用的词汇也要多以孩子熟悉的为主。另外，文字一定要优美，朗朗上口，因为只有优美的语言才能表达生动的故事。我们也能看到，很多经典的图画书，里面的文字如同诗歌一样，有韵律。故事虽然简单，但却可以制造出一种梦幻般的氛围。让孩子多读这类书，才能让他们的心灵得到真正的滋养。

最后，肯定是图画书的内容和情节了。

图画书中的故事和情节，最主要的一点是能让孩子们看得懂。如果故事和情节复杂的程度超出孩子们的承受能力，那即使语句再优美，图画再精美，又有什么用呢？

所以好的图画书，其内容和情节，一定要是日常生活中能见到的，或者是孩子们能理解的。当然，图画书的文字虽然不多，但情节非常重要。没有情节的图画书，称不上图画书，充其量只是画册，孩子看多了则会厌倦。

如今市场上出现了一种图画书，通常是把一些经典童话做了简单改编，无情节，无内涵，无逻辑。这样的书籍，父母最好不要给孩子买。最后特别要强调的是，父母在为孩子选择图画书的时候，一定不能为了贪图便宜，在地摊买那种错字满篇、图不对文、非正规出版社出版的图画书。因为好的图画书，书中的绘画、文字、构思、内涵都是和谐统一地衔接在一起的，能对孩子的阅读、审美、成长起到很大的作用。

42

怎样选择“质量”好的书

给孩子选书，除了要注重书籍的内容外，还需要考虑所选书籍的材质和装帧。

我们知道，适合儿童阅读的图书，如果按内容划分的话，可以分为儿歌、童诗、图画书、故事书、知识书等；如果从材质上来区分，可以分为纸书、木板书、布书、塑料书等；如果从装帧来区分，又可以分为大小不同开本，平装、精装、单行、合订、袖珍、豪华等不同装订形式。我们阅读比较多的图书，一般是平装或精装的纸质图书。下面，我们主要针对纸质图书，给家长提供几种具体的选书方法。

1. 纸张不能太白。

通常情况下，用白色纸张印制的书籍看起来很漂亮，很干净，很清爽，但长时间看的话，白纸产生的很强的反射光会刺激视觉神经，容易让视觉疲劳，严重的话甚至还会对视力产生不良影响。这和看电视如果不开灯，反射光太强，会影响视力是一样的道理。看电视我们要开灯，目的就是减少光的对比度。那么我们选择书也要遵循同样的原则，不能选太白的纸张。

那要怎么确定纸张是不是太白呢？首先要看这白色是不是很刺眼。其次可以试着看十分钟，十分钟后如果眼睛觉得很累，那么这种颜色肯定是不合适的，这种书就不要给孩子选。

2. 反光不能太强。

除了纸张不能太白外，反光也不能太强。也就是说，纸张的色彩一定要柔和，最好能接近自然色，避免出现过强的反光。反光越强，眼睛受到的刺激也就越强，眼睫状肌因为一直处于过度收缩状态，时间一长，很可能形成功能调节性近视。所以父母在给孩子选择童书时，一定要注意。

3. 色彩不能太艳。

有些父母给孩子选择图书时，喜欢选那种颜色很艳的书，第一觉得会吸引孩子，第二觉得孩子的视觉需要刺激。其实，过艳的颜色是会对视觉造成强烈刺激的，一旦孩子看惯了这种色彩浓烈的图书，以后很可能会降低对自然色的分辨力。打个比方，就像我们如果经常给孩子吃太咸的食物，孩子的味觉就容易变得迟钝，对那些淡或鲜的食物就没那么敏感了。所以说，不要给孩子买颜色太艳的书，特别是幼儿。给幼儿选书，最好先给他们看一些黑白颜色的书，等他们稍稍长大点再买彩色的，不过，颜色切勿太强烈。

如今儿童图书的竞争很激烈，出版社和书商们也是用尽心思，图书的式样越来越多，颜色更是多姿多彩，夺人眼球。一些特别艳丽的颜色，比如红色、绿色，它们虽然能吸引孩子关注，提升他们的阅读欲望，但孩子如果长时间看这类书的话，眼睛肯定会疲劳的。所以父母在给他们选书时，最好选择那些淡黄色、淡粉色的书，因为这种图书即使长时间看，对视力的影响也不会大。

4. 画面不要太细。

成人一般比较愿意看那些精细的画面，但童书的画面最好简单大方，字也不能太小，否则孩子看起来会很吃力。当他们为了看清字而不自觉地睁大眼睛，并凑近纸张时，时间一长，必定会对他们的视力以及阅读姿势有影响。

通常，孩子的视力在五岁前都还处在发育期，他们的正常视力只达到0.8～1.0。直到孩子五岁后，视力才会发育完全。所以在孩子视力发育期，父母一定要注意保护他们的视力，不能让他们看太小的画面和文字。

在选择儿童图书时，父母要尽量选择那些字比较大、画面比较简单的图书。

5. 注意“看”和“闻”。

给孩子选书籍，还要“看”和“闻”。

看，就是看书的装帧。在前面的章节中也提到过，不管是平装书还是精装书，纸张都不能太硬，书角也不能过尖，否则会容易戳伤孩子。

闻，就是要闻书的味道。有些图书的出版商为了追求图书的外观和手感，在制作时，会添加一些化学剂，虽然这书看起来更漂亮，摸起来也更有质感、更真实（比如书里提到羽毛，就把图片做成摸起来像羽毛的质感），但如果所用材质不环保，甚至还有毒的话，就会对孩子的身体造成伤害。

通常来说，书里含有有害物质的话，闻起来会有一股刺鼻的气味。家长在购买时只要闻一闻，就可以避免买到这种“毒”书了。

有了以上这些购书注意事项，父母在给孩子选择书籍时，也就不用再烦恼了。

第六章

轻松变成儿童阅读专家

关于孩子的种种阅读问题

要有效地指导孩子阅读，父母首先得成为一名“儿童阅读专家”。专家是怎样炼成的？判断孩子有没有阅读障碍、分析孩子在不同年龄段的阅读需求、掌握孩子学外语的时机、懂得给孩子阅读图画书……当家长掌握了这些技巧，就可以快速变身为合格的“阅读专家”。

43

你的孩子有阅读障碍吗

有些家长在辅导孩子阅读时发现，他们朗读不是很流畅，有时结结巴巴，甚至有时还出现丢字落字、错字错行的毛病。家长以为是孩子看书不认真造成的，就不停地责怪他们，训斥他们，想让他们再认真点。可在家长的干涉下，他们读得更结巴了，丢字错行的情况也更严重了。家长再稍微施加压力，他们甚至就有可能对读书产生厌倦情绪。

家长不知道，孩子之所以出现这种情况，也许并不是因为他们不认真，也不是因为他们智力不够高，而是因为他们在学习能力上面出现了问题，我们把孩子出现的这种情况称之为阅读障碍。

阅读障碍，其实也就是孩子的视觉、听觉、大脑神经功能出现了障碍。阅读障碍有各种不同的表现，常见的有以下几个方面：

1. 有不良的阅读习惯。比如说，孩子在朗读的时候会不停地摇头晃脑、偏着头没精打采，或者把书捧到离眼睛很近的地方，思想抛锚，嘴里在读，心却不知道跑哪儿去了。有些孩子已经不算小了，还要用手指着字才能读，等等。

2. 在朗读的时候，口齿不清，或者不能控制自己的音量，朗读没有感情。

3. 朗读时经常出错，不是多念出一个字来就是少念出一个字，抑或不停重复相同的一句话。总之，很难把文章准确地读出来。即使读出来，也需要花很长时间。

4. 很难记住一个字或词，即使记住了，不一会儿又忘了。写字的时候也总是错字连篇，一个字不是多加一笔就是少添一笔，甚至一个简单的词都会颠倒次序。

5. 注意力不集中，听写能力非常差，经常处于跳跃性思维，没有顺序感。

那么孩子的这些阅读障碍又是怎么造成的呢？

首先，很可能是情绪因素造成的。比如说有的孩子从小就胆小，而且非常自卑。他们从不敢在课堂上朗读，结果越紧张就越有障碍。还有些孩子很敏感，比较在意别人的评价，怕读错引起同学们哄笑，于是便紧张害怕起来，越怕出错越容易出错，所以就出现了阅读上的障碍。

其次，很可能是功能性障碍引起的。比如孩子的视觉功能出现了障碍，因为眼球振动不平衡，可能会造成读书时出现跳字、串行等情况；听觉功能出现障碍后，就会造成孩子读而不闻，读而不懂；还有可能因为大脑神经功能障碍造成阅读困难，比如一些失语症患者，以及智力迟钝患者等。

最后，很可能是教育方法出现了问题。对于一些智力上有欠缺的孩子，父母和老师为了让他们跟上同龄孩子，会采用强迫、逼迫的方式，让他们不停阅读。时间一长，孩子的压力越来越大，甚至会对阅读产生抵触情绪、厌烦情绪，朗读时的障碍也就越来越明显了。

当然，并不是说智力和能力高的孩子就不会出现阅读障碍，如果让智力和阅读能力高的孩子不停地重复阅读简单的课文的话，也会因为厌烦情绪而出现各种阅读障碍。对这类孩子，一定要根据他们的阅读兴趣和阅读能力不断更换难度不同的图书。

有了阅读障碍，一定要及早治疗。有专家说，阅读障碍是个情况复杂的“病”。如果视而不见，或是治疗不当，孩子很可能因为总是得不到大人的理解，而变得更加自卑、胆小，并引起一系列的心理问题。

不过，有了阅读障碍也不用太担心，比如人尽皆知的美国微软公司创始人比尔·盖茨，据说就曾是一名阅读障碍患者，而得到了适当治疗的他，现在并没有因此受到影响。

父母如果发现自己的孩子有阅读障碍，首先做的就是不停鼓励他们，多和他们说“你真棒”、“做得真好”等激励的话，这样做在帮助他们消除阅读恐惧的同时，还能帮他们找到一些自信。随后，就要采取一些科学的方法对他们进行矫正了。比如注意力涣散的孩子，可以把他们喜欢的垫板垫在所读到的句子下面，帮助他们集中精力；或者可以让他们养成边阅读边在重要词句中做标记的习惯，培养他们思考的习惯；或者还可以让孩子讲故事给父母听，这样可以培养他们的语言表达能力；等等。

对于那些阅读障碍非常严重的孩子，父母就要尽早带他们去看心理医生了。一般情况下，在小学阶段对孩子的阅读障碍进行干预，是可以治愈的。如果父母做得好的话，对他们的学业和生活是非常有帮助的。

44

怎么陪不同年龄段的孩子阅读

不同年龄段的孩子，他们在阅读中会出现什么情况呢？家长又该怎样陪他们阅读呢？下面一一道来。

第一阶段：0 ～ 1 岁的孩子

给这个年龄段的小宝宝读书，目的很简单，就是要让他们感到快乐。不过，父母可别“欺负”小宝宝们不懂阅读，给他们读书的时候任意跳行跳段，一定要按着书本章节的顺序给他们读下去，而且要大声朗读，因为只有这样，才能把正确的句式慢慢地印在他们的脑海里，增强他们对句子结构的理解，促进他们语言能力的发展。同时，父母一定要瞅准机会和孩子交流。这个交流的时间很随性，比如带宝宝去超市或花园玩时，不管看到什么，都可以讲给宝宝听。这样做不仅可以提高孩子的语感，而且还能够培养他对周围环境的兴趣。

具体做法是：

朗读童谣：这种带有韵律的儿歌对这个年龄段的宝宝来说，是一种非常有趣的语言启蒙。父母在朗读童谣时，可以边有节奏地朗诵，边用手做简单动作，吸引他们的注意，同时还要用眼神和宝宝交流，让他们也能体会到童谣的节奏和韵律。

重复：重复朗诵是帮助儿童学习语言的重要方式，因为一遍又一遍地重复简单的句子，可以加深他们的记忆。

语言游戏：父母可以用有趣的方式和孩子玩语言游戏，比如在他们面前扮演老狼，然后夸张地说："小兔子乖乖，把门儿开开。"这种把阅读当成游戏，在游戏中融入阅读的方式，对孩子阅读兴趣的培养很重要。

第二阶段：1～2岁的孩子

这时候的孩子，虽然还不太会说话，但已经有了一定的理解力，他们能听懂成人的一些语言。而且随着他们词汇量的增多，在他们脑中，每个词慢慢开始有了直接指向。比如说，在1岁前，他们叫"妈妈"，也许只是要家人抱抱。但当1岁过后，他们再叫"妈妈"，就是一种特指了，特指经常抱自己、喂自己、和自己最亲密的"妈妈"。看到爸爸时，他们是绝对不会冲着爸爸叫"妈妈"了。

这个时候的孩子，他们已经做好了准备接收来自成人世界的语言和句式。所以父母在和孩子一起阅读及说话时，尽量不要总是用叠词，而应该让他们听到成人正常的比较完整的说法。

具体做法是：

经常给孩子朗读书：故事应该成为孩子生活的一部分，一有机会就让他们接触书，对他们是有好处的。即使在孩子洗澡时，也可以给他们买一种防水的书，带进浴室，用于他们洗澡前阅读。

对生活充满好奇：别忘了让他们对世间万物产生好奇，比如早上起来可以问他们："你猜今天有太阳还是会下雨？"这样一个简单的问话，可以引起孩子的兴趣。而且父母也可以趁这个机会告诉他们，怎么判断会不会出太阳，会不会下雨。一个简单的问题就能让孩子知道很多知识。

多用丰富的语言：父母应该尽情地对孩子讲话，可以使用大量的描述性语言，这将丰富他们的表达能力。

猜结局：给这个年龄段的孩子朗读故事，最好先别告诉他们结果，甚至可以在阅读的过程中停下来让他们猜猜接下来会发生什么。等他们说出了答案，再把下面的故事情节读给他们听，这样，家长们就可以教会他们如何去思考自己听到的内容，学会问问题、预测结局并寻找答案。

回归生活：有时候，父母在做饭时，还可以让孩子看看菜谱，告诉他们，你们做菜，就是照着书上说的做的。这样可以让孩子知道，原来书上的内容，是和现实生活相融合的。

第三阶段：2～3岁的孩子

这个年龄段的孩子，他们的词汇量已经有了大幅度增长，对句子的理解力常常令大人感到惊讶。有时候他们说出来的话，父母都会目瞪口呆，想不到他们会说那么复杂的句子。

具体做法是：

让他们读自己最喜欢的书：熟悉的书可以让孩子感到自己什么都知道，像个小专家，这能让他们获得一种自信心和自豪感。

考虑主题：了解孩子的兴趣，如果孩子喜欢哪方面的内容，就可以为他们挑选哪些方面的书，或者是他们喜欢的图书系列。

猜猜游戏：经常和孩子做一些猜谜游戏，可以锻炼他们的思考能力。不过，这些谜也不要太难，尽量是他们能够猜出来的。比如可以问孩子："什么动物长着两只长耳朵，喜欢吃萝卜呀？"。然后还可以让他们出题，反过来给父母猜。

充当主人公：父母在给孩子讲故事的时候，可以把孩子和家人一起编进故事里面去，讲给孩子听，并用故事的内容来教育他们什么是好的品格、好的做法。比如当孩子损坏了什么东西，又没认错时，可以编个故事，让他们知道，犯了错要勇于承认和改正。这样，说不定他们也就敢于承认错误了。

联系现实：尽量把书中的内容和现实生活联系起来，经常带孩子去外面转转。看到一些“实物”后，就可以告诉他们，哪本书里就存在过。让他们对所阅读过的内容有个回顾，还能增加他们的词汇量。

第四阶段：4～5岁的孩子

这个年龄段的孩子已经为阅读做好了准备，有的孩子甚至已经能自己读故事书了。

具体做法是：

自己编故事：让孩子自己编一些故事讲给大家听。为了让孩子喜欢这种方式，家里可以组织一个“故事会”，全家每人编一个故事，给大家讲出来，这样可以引导孩子发挥想象力，训练他们的语言组织能力。

听他们讲：当孩子开始用他们稚嫩的声音讲故事时，即使听不清楚，父母也不要打断他们。当他们讲不了停下来时，父母再询问他们故事的意思，并给以适当的提示。倾听孩子讲故事，也是父母培养孩子阅读能力的一种方法，它可以提升孩子的词汇量和理解力。

开始阅读小说：如果觉得孩子的理解力不错，父母就可以适当地给他们读一些章回体小说。这些前后有着连贯性的故事可以促进他们的记忆力，而且也会让他们明白，故事不仅有简单的，也有复杂的。

反问他们：这个年龄段的孩子，他们最喜欢问的就是“为什么”。在回答孩子的问题之前，父母可以反问他们是怎么想的，这样做可以帮助他们回忆，提高他们解决问题的能力。

小型图书馆：把孩子的书收藏在架子上，让他们能够轻易拿到。这种“书海”环境，有利于他们爱上书，喜欢上阅读。同时，父母也要继续和他们一起读书、交流，培养他们对书的感情和热情。

以上是针对不同年龄段的孩子在阅读中的不同表现，建议家长应该采用的应对措施。年轻的父母们不妨看看。

45

孩子什么时候学习外语好

如今很多孩子，汉字还没认识几个，甚至连话都还说不清楚呢，父母就着急了，给他们报各种外语训练班，美其名曰：不让孩子输在起跑线上。父母都想让孩子早点接触外语，认为这样在以后的学习中，他们的基础就会比别的孩子好。

真是这样吗?

专家们可不这么认为，他们说，父母对孩子学外语这事，千万不能操之过急，因为最重要的事，是先培养孩子对母语的自主阅读能力和习惯。长期从事学前孩子阅读能力研究的周兢教授曾说："首先要保证儿童在学龄前获得母语的书面语言能力，然后再让他们接触第二语言。学语言，应该是母语优先。"专家的意思很明显，孩子学习必须遵循一定的成长规律，不能违背规律地"拔苗助长"。

孩子有着天然的母语学习能力，所以家长务必把握好孩子学习母语的每个关键期。比如零到六岁的孩子，是建立语言符号系统的关键期；零到八岁的孩子，则是学习母语书面语言的关键期。在这两个关键期里，如果父母不帮他们掌握好母语，而是一味让他们学习外语的话，很可能会给他们今后的母语学习造成影响，对他们今后的阅读能力造成障碍。

有些父母肯定又要问了，那是不是说孩子就不能学习外语了？

对于孩子在学前年龄学习第二种语言是好还是不好，目前国际上并没有定论。但家长的所谓“反正孩子长大自然就会说汉语了，学外语就是多掌握一门语言”的说法，是值得斟酌的。

首先，“孩子不学汉语，长大以后自然而然就会了”的想法，绝对是错误的。

有位叫苗苗的孩子，她的妈妈就抱着这种想法，在苗苗刚刚满月不久，便开始对她进行外语“培训”。

苗苗的妈妈觉得自己以前上学就是因为英语不好，才没考上好的大学，所以便让孩子早早接触英语。她觉得，孩子以后的生长环境，都是说汉语的，所以学汉语，那是自然而然就会的事，反而是英语，要是不从小教孩子，让孩子一开口就说英语的话，以后长大时再起步学，很可能像她以前一样，跟不上了。

于是，在孩子还没满月，她就开始给孩子听英语磁带，而且翻来覆去地听。为了不让孩子受到“汉语”的影响，她甚至要求家人说汉语时都要轻声点，别让孩子听见，以免打搅孩子听英语。结果，别的孩子早的在八九个月大时就开口叫爸爸妈妈了，晚的一岁左右也开口了，可她家的苗苗却依然只会“咿咿呀呀”，不知道说些什么。

孩子的爷爷奶奶着急了，说难道孩子是哑巴，怎么不会说话呢？但苗苗的妈妈却很高兴，还告诉两位老人，孩子是在说英语。此后，她更是开口就和孩子说英语单词，她期待有一天，孩子能用英文开口叫她“妈妈”。就这样，等孩子都两岁多了，话还是说不利落，她这才有点着急了。

于是她赶紧开始教孩子说汉语，虽然孩子也慢慢开口说话了，但却比别的孩子沉默，而且说的都是非常简单的字词。她还发现，孩子每次说话时，好像都要憋很久。而英语，孩子更是一句没说。她这时后悔了，“只要苗苗能把汉语说流利了，会不会英语，都不重要了！”

因为苗苗妈妈没有给苗苗提供一个说汉语的环境，所以导致苗苗错过了学汉语的最好时机，比同龄孩子说话晚得多。总之，苗苗妈的做法不仅没让孩子多学一门外语，反而连母语都差点弄丢了。

对于学习第二语言有没有关键期，国际上存在着分歧。不过，专家们有一个观点却是统一的：即使有关键期，也是在孩子长大后，在其学习和掌握了第一语言，获得语言的敏感性后。想要孩子马上熟练掌握第二种语言，非常不现实，除非婴儿从一出生就开始接触两种或者两种以上语言，从而在大脑部分形成不同的语言分区，否则早点学晚点学差别不大。

孩子学习第二语言，其实和学习母语一样需要家庭氛围。如果没有这个语言环境，想要掌握它是很难的。当然，如果父母能够给孩子创造一个优良的学习第二种语言的环境，那在让孩子掌握母语的同时，再学习第二种语言未尝不可。不过，这个前提是在孩子掌握了母语的情况下再学，切勿舍本逐末，最终得不偿失。

从前面几章内容我们知道，孩子对汉字的领悟能力是非常强的，所以千万不能因为让孩子学第二种语言，而错过了他们最好的学母语的关键期。

46

如何让孩子理解图画书

孩子们阅读时，最先接触的就是图画书。有人曾形容说，图画书是上帝送给孩子的礼物，是开启孩子阅读大门的钥匙。然而，很多父母面对图画书，却有点不知所措，不知道该怎么给孩子讲。如果文字内容多，还可以照着念，但对于文字极少的图画书，又该怎么给孩子们读呢?

其实图画书中的图画包含了作者所要表达的故事内容，是父母帮孩子阅读的工具。一些优秀的图画书，只要仔细看就会发现，每一张图画都是会说话的，图与图之间，也总会呈现出独特的叙事关系。通过阅读图画，孩子就能通过一幅幅的画面，进入到故事情节中去，自然流畅地了解故事内容了。

但是，在现实中，很多父母陪孩子阅读图画书的时候，却从不认真去看图画，最多瞟上一眼，照着图画下面的文字一读就完事了。所以一本图画书，如果让这些家长去读的话，用不了五分钟，一个故事就被他们讲完了。父母这么“简单”的朗读，完全让孩子感受不到图画书的魅力，而图画书带给孩子的艺术享受和精神营养也就大打折扣，就失去了图画书阅读的意义。

我们前面说过，图画书对孩子早期阅读非常有好处，它带给孩子的是一个美好的梦幻的世界，但并不是每一个孩子都能主动走进这个世界的。因为从心理学角度来看，阅读图画书需要一种能力，而这种能力，不是每个孩子都天生具备的，而是要通过父母后天的培养和训练才具备的。也就是说，如果父母方法得当，先天不喜欢图画书的孩子，很可能会喜欢上图画书，不会阅读图画书的孩子，也可能变得会阅读图画书了。只是，这需要父母的正确引导。

下面列举父母在给孩子读《小蝌蚪找妈妈》时，两种不同的做法对孩子的影响：

第一种做法，就是上面说的，父母不仔细看图画，只匆匆读下面寥寥数字。

第一张图，小蝌蚪不知道妈妈是谁；第二张图，小蝌蚪游啊游找妈妈；第三张图，小蝌蚪问鸭子妈妈，自己的妈妈在哪里；第四张图，小蝌蚪看到金鱼，问它是不是自己的妈妈；第五张图，小蝌蚪问乌龟，它是不是自己的妈妈；第六张图，小蝌蚪终于找到了自己的妈妈，原来妈妈是青蛙。

请问，跳跃性那么大的读图方法，孩子怎么能听懂呢？

同样是这六张图画，可有些父母却能讲得绘声绘色，让孩子一下子融入图画场景中去，甚至好像在跟着小蝌蚪找妈妈。

这些父母是这样讲的：

春天来了，天气暖和起来，柳树也发了芽，长出了绿油油的嫩叶。一只青蛙扑通一声，跳进池塘里，在碧绿的水草上，生下了许多黑黑的、圆圆的卵。

圆圆的卵慢慢地活动起来，变成一群大脑袋、长尾巴的小蝌蚪。

小蝌蚪在水里游来游去，非常快乐。一天，他们看到鸭子妈妈带着小鸭子在池塘里游水，就问鸭子妈妈是自己的妈妈吗？

鸭妈妈告诉它们："我不是你们的妈妈，你们的妈妈有两只大眼睛，嘴巴又阔又大。好孩子，你们到前面去找吧！"

“谢谢您，鸭子妈妈！”小蝌蚪高高兴兴地向前面游去。

一条大金鱼游过来了，小蝌蚪看见大金鱼头顶上有两只大眼睛，嘴巴又阔又大。他们想，一定是妈妈来了，就追上去喊：“妈妈！妈妈！”

大金鱼笑着说：“我不是你们的妈妈，我是小金鱼的妈妈。你们的妈妈肚皮是白色的，好孩子，你们去找吧！”

“谢谢您！金鱼妈妈！”小蝌蚪又向前面游去。

一只大乌龟在水里慢慢地游着，后面跟着一只小乌龟。小蝌蚪看到大乌龟的肚皮是白色的，就说：“妈妈，妈妈！”

大乌龟笑着说：“你们的妈妈穿着好看的绿衣裳，唱起歌来‘呱呱呱’，走起路来一蹦一跳。好孩子，快去找她吧！”

“谢谢您，乌龟妈妈。”小蝌蚪再向前面游过去。

小蝌蚪游呀游呀，游到池塘边，看见一只青蛙，坐在圆圆的荷叶上“呱呱呱”地唱歌。小蝌蚪游过去，小声地问：“您看见我们的妈妈了吗？她有两只大眼睛，嘴巴又阔又大，四条腿走起路来一蹦一跳的，白白的肚皮绿衣裳，唱起歌来呱呱呱。”

青蛙“呱呱呱”地大笑起来，说：“傻孩子，我就是你们的妈妈呀，我已经找了你们好久啦！”

小蝌蚪听了，一齐摇摇尾巴说：“奇怪！奇怪！为什么我们长得跟您不一样呢？”

青蛙笑着说：“你们还小呢。过几天，你们会长出两条后腿来；再过几天，又会长出两条前腿。四条腿长齐了，脱掉尾巴，换上绿衣裳，就跟妈妈一样了。那时候，你们就可以跳到岸上去捉虫吃啦。”

小蝌蚪听了，高兴得在水里翻起跟斗来：“呵！我们找到妈妈了！我们找到妈妈了！”

看看，同样的六幅画，两种读法。第一种读法，父母只用了不到一分钟就讲完了，孩子什么都没听懂；但第二种读法，父母要用二十多分钟才讲完，而孩子也听得兴高采烈，他们不仅知道小蝌蚪的妈妈是青蛙，而且还知道了好几种动物的特征，特别还知道问别人问题时，一定要有礼貌。

从以上的事例中我们得知，父母在给孩子读图画书时，一定要站在孩子的角度，用他们的视觉来想象画面，并用最优美易懂的词句，讲出动听的故事来。

当然，对于图画书的阅读，父母们还是要以激发孩子的阅读兴趣为目标，所以在整个阅读过程中，父母要做的就是将孩子从一个被动的阅读者，改变成一个主动的阅读者。先让自己喜欢上这些图画，然后用一个图画爱好者的态度，给孩子读图画。

47

给孩子读童话要注意什么问题

在那么多种图书中，孩子们最喜欢看的也许就是童话故事了。那么，父母在给孩子讲童话故事的时候，应该怎么讲？平平淡淡地朗读完呢？还是要进行一番解读？

有些父母觉得孩子还小，只浅显地知道这个故事怎么发展就行了。但另一些父母则认为，既然给孩子讲故事，就应该告诉孩子这个故事的内涵是什么，因为读书的目的就是悟道理，而不是看热闹。确实是，父母在给孩子讲童话故事，或者让孩子自己看童话故事时，如果不给他们做正确的解读，他们就很可能被一些不负责任的解读带到误区里去。

目前市场上很多书籍，包括儿童书籍，只重视娱乐性，忘记了书籍原本应担负的作用与功能。甚至有些书为了取悦读者，将经典作品曲解。

比如有名的“孔融让梨”。

说在很久很久以前，有一个小孩叫孔融。他家有六个兄弟，他排行第六。因为他性情活泼、随和，大家都很喜欢他。虽然家里兄弟多，但爸爸妈妈对他们每个人的要求都很严格。要他们勤奋读书，对人有礼貌，说话要和气，兄弟和睦，关心别人，别人有困难要给予帮助，等等。孔融年纪虽小，但爸爸和妈妈的话，他却记得清清楚楚。

在孔融四岁的那年，有一天，爸爸的一个学生来看他和妈妈，并带来了一大堆梨。客人让孔融把梨分给大家吃。在爸爸点头同意后，小孔融便站起来给大家分梨。他先拿了一个最大的梨给客人；然后挑两个大的给爸爸、妈妈；再把大的一个一个分给了哥哥们；最后，他才在一大堆梨中，拿了一个最小的给自己。

客人问小孔融为什么捡一个最小的给自己呢？孔融回答：“我年纪最小，当然应该吃最小的。”客人听了孔融的回答直夸奖他，爸爸也满意地点了点头。

后来，爸爸的学生便把孔融分梨、让梨的故事写成了文章。于是大家就把它传诵开了，从古代一直讲到现在。而孔融让梨的故事，也就成了许多父母教育子女的典范。

然而，原本这么一个富有教育意义的故事，在现在却被一些人进行搞笑解读，让这个故事变成了另一副模样：孔融之所以让梨，不是因为他懂礼貌，懂礼让，而是因为他看到大梨上面生了虫子，不能吃。孔融让梨倡导的是一种传统美德，用来教育孩子要谦让的。但如果按上面的错误解读告诉孩子，孔融让梨，是因为虫子，那不是教孩子自私自利吗？

这种让人啼笑皆非的解读，如果只是成人间的玩笑也就罢了，万一真讲给孩子听，那不仅起不到教育意义，反而教坏了孩子。

类似这种被曲解的故事还有很多，所以父母给孩子讲故事时，一定要把道理讲清楚。我们让孩子阅读童话，除了让他们感受美妙的、有趣的、充满童真与诗意的故事外，也要帮他们从中领悟一些人生哲理。只有这样，阅读才能起到开启心智、陶冶情操的作用。

比如很多父母都给孩子讲过的《卖火柴的小女孩》。在父母给孩子讲完故事后，有没有告诉他们，这个故事告诉我们这样一个道理，无论身处何种困境，都要心怀梦想，绝对不能失去对美好生活的憧憬和追求。即使遇到了不幸，也不能悲观和绝望，要像小女孩擦亮火柴一样，点燃自己的梦想。如果父母能给孩子灌输这种思想，那给孩子读童话故事的意义也就大了很多。所以，如何给孩子解读童话，是父母需要慎重考虑的事情。

不过，童话和真实的生活有一定差距，父母不能为了过分追求一种教育意义，而给孩子“对号入座”。比如有个童话故事里讲，一个人因为翻跟头，头掉进肚子里面去了。这原本只是童话里虚构的情节，但有些父母为了不让孩子翻跟头，便吓他们说：“听到没有，不能翻跟头，翻跟头的话你的头也会掉进肚子里去，这样你就没有头了。”

父母只是轻描淡写的一句话，却很可能给孩子造成深深的恐惧，他们一想到翻跟头，就会联想到血淋淋的场景，说不定会致使孩子在上学后，不敢参加体育课上的正常翻跟头了。

所以父母在给孩子讲童话故事的时候，让孩子在读到优美故事的同时，知道什么是真善美，什么是假恶丑，知道这个故事想告诉大家什么样的道理就可以了，不用把故事的每句话都拿来分解。何况孩子的理解力是有限的，千万别因为家长的曲解，给孩子留下心理阴影。

48

警惕“残忍”童话带来的危害

四年级的班主任小李老师在班级里组织的一次课外阅读活动中，发现班里的一位男生在读一本叫做《令人战栗的格林童话》的书。在好奇心的驱使下，她将男生的书借来阅读，结果竟让自己大吃一惊。

小李老师是80后，在她的记忆里童话故事是每个人童年时期的一个美好回忆，《白雪公主》《灰姑娘》《小红帽》……那些脍炙人口的童话故事在她的脑海中都以宣扬正义、善良、宽容、亲情为主题。然而这样一本《令人战栗的格林童话》却完全颠覆了她原有的记忆。书中将传统的童话故事进行了近乎变态的解读：蓝胡子是个凶恶残酷、心理阴暗的人；吻醒公主的王子不是个正常人，原来是个“恋尸癖”；纯洁美丽的白雪公主没有和王子在一起，却和父亲有了不伦之恋……

合上书本，小李的心当真战栗了，很长时间不能平静，这些荒唐的“故事新编”，无不充斥着暴力、阴暗和性，原本美好的故事，被篡改得面目全非。这让她更加好奇，于是她在网上查了一下，发现不少类似的被予以“成人童话”“残忍童话”称号的图书，无论是实体图书的销量还是网络上的点击率都很高。

这些童话是怎样产生的呢？

这类图书绝大多数版本都是从国外引进的。这类图书的读者在国外大多是成年人，以血腥、色情的曲解来满足一些生活压力大的成年人的另类心理。比如《令人战栗的格林童话》的作者是日本人，这本书被引进之后，由书商改为“格林兄弟”的署名，最终被归类为“儿童读物”。在了解了这类图书的来龙去脉之后，小李老师又产生一个问题，这类书是怎么传到学生手中的呢？于是她找到那名男生，从男生口中得知，这本书竟然是他的家长买给他的。

后来，小李找到孩子的家长。从家长口中得知，平时因为工作忙，顾不上孩子，在为孩子选书的时候，从来没有阅读过书中的内容，只是粗枝大叶地看一下书名就送给了孩子。殊不知，这样的做法险些害了孩子。孩子的判定、辨别是非能力有限，但他们的模仿、复制别人行为的能力却很强。所以那些书里的人物的言行都可能成为他们学习和模仿的对象。

那些充斥着暴力、恐怖和性的书籍或网络游戏，孩子们是绝对不能接触的，一旦接触并痴迷，很可能会破坏他们与人的正常交往的能力，严重者甚至变成谎话不断、具有严重攻击性的人。

对什么都充满好奇心的孩子，无疑会被恐怖悬疑故事书里的那些跌宕起伏的情节所吸引，而那些完全出人意料的结局，更是能让他们产生一种快感，一种刺激，所以这种书才会对孩子产生吸引力。而一些出版商，就是抓住了孩子的猎奇心理，不负责任地出版这些书籍荼毒孩子的心灵。一些有着强烈好奇心的孩子，不仅在阅读“残忍童话”，而且还自己亲手编“残忍童话”，可见，这些不健康的内容对孩子的心理造成多么大的危害。

那么，怎么才能预防这种“误买”的发生呢？

家长在购买一本书的时候，首先，要知道这本书讲的是什么。不能只凭借自己的记忆，只看书名，或者只在儿童读物的书架上随便购买。如果没有时间阅读全部内容，至少也要仔细看一下内容简介并粗略翻看一下内容。做到这一点，就不会发生误买《令人战栗的格林童话》这样的事情。

其次，是选择合适的版本。很多家长习惯给孩子买一些缩写本和改写本，实际上，这样的版本只适合低龄的孩子阅读。随着孩子年龄的增长，他们对读物的要求也越来越挑剔，很多缩写本将故事的结局改写得十分美好，屏蔽掉一些残酷的内容，对孩子的是非判断和正在形成的世界观、价值观都有影响。

我们不妨让孩子读一些经典的版本，然后和孩子沟通，一起来分析故事中的是非对错，这样可以启发孩子的想象力和创造力。

最后，建议各位家长多和孩子以及孩子的老师沟通。孩子在选择图书的时候，大多依靠同学和老师的推荐，在选择图书的时候，遵从孩子的意见可以更好地激发他的阅读兴趣。而老师推荐的书单一方面对图书的版本和内容做了筛选，另一方面也更符合孩子的年龄段，这为自己的选书节省了很多时间和精力，而所购买的图书也会有质量保证。

孩子心智稚嫩，一本内容不健康的书就有可能影响孩子的一生，每位父母都要引以为戒。

第七章

父母做对了，孩子才优秀

如何提高孩子的阅读能力

孩子的问题其实是父母的问题，只有认真的父母以及正确的教育方式，才能教出优秀的孩子。现在很多孩子贪玩、不爱读书、阅读能力低下，很大一部分原因是父母没做好。成功的父母，不仅要弄明白“怎么教”孩子，还要弄明白“这么做”的理由。

49

为什么孩子的记忆力那么差

令很多父母头痛的是，无论孩子读了多少书，家长让他们回想都读了什么内容，他们总是想不起来。“这孩子记忆力怎么这么差?”父母们迷茫了，甚至认为孩子的智力有问题。

孩子的记忆力真的差吗？智力真的有问题吗？

月月开始上小学了，老师布置了家庭作业——背诵古诗词。回家后，妈妈为了让她尽快背诵下来，用了科学的记忆策略：“理解—反复诵读—记忆”来教她。然而，半个小时过去了，月月连一首诗都记不住。妈妈又急又气又担心，甚至开始怀疑女儿的智商。

然而，过了两天，月月竟然能顺畅地背出好几首诗词来，而且有两首是妈妈没有教过的。妈妈问她是怎么记住的，月月告诉妈妈，在学校里，老师用集体背诵、个别抽查的方式反复了很多次，她就这么听着听着，把那些诗词都记在了脑海里。

这个新发现启发了月月的妈妈，她进一步观察发现，月月有着独特的记忆方式：听。对于大家通常用的“看、念、写”，在月月那里效果远远没有“听”好。而且月月妈妈还发现，月月不喜欢有人在她身边监督她。月月背诵的姿势也很有意思，不像其他孩子坐在椅子上背，而是要在房间里走来走去。月月在房间里走着背的时候，不仅不会因为走动影响记忆，反而使她的注意力更集中。

月月妈妈发现了女儿的这个特点后，便买来一些儿童诗词磁带，每天早晨在月月起床前的十几分钟开始播放，这样不仅能唤月月起床，而且还在不知不觉中帮她记忆了诗词。不仅如此，妈妈还鼓励月月，她可以用她自己喜欢的任何方式背诵诗词。自从调整了记忆方式，月月的记忆问题迎刃而解了。

所以说，很多时候，不是孩子的记忆力不好，不是孩子的学习能力不够，而是成人的教学策略不当，不符合孩子的学习风格。

通常，父母会非常关心自己孩子和同龄孩子在能力和性格上的差异，但却往往忽略了孩子们学习风格上的差异。其实掌握了孩子的学习风格，也就相当于掌握了孩子的学习窍门。

对于每个人来说，大脑和指纹一样，都是独一无二的。所以两个孩子处理和思考问题的方式，也是绝对不一样的。这种方法对这个人有效，但不一定对另一个人也有效。所以父母应该先了解自己的孩子，而不是听别人说哪种学习方法好便让自己的孩子也用这种方法。

格里格·洛加尼斯是奥运会金牌得主、美国著名的跳水运动员，他小时候性格内向、很容易害羞，在阅读和与人打交道方面有困难，记东西总也记不住，还经常被同伴嘲笑。不过，他的父母没有嘲笑他，而是发现了他在体育和舞蹈方面的天分，并鼓励他做自己擅长的事。最终，他成了一名优秀的奥运冠军，获奖无数，并在一所大学里获得了戏剧学位。

这说明什么？说明每个孩子都有他的优势和强项。对父母来说，最重要的是发现他（她）的优势和强项。

前英国首相温斯特·丘吉尔上学时不仅口吃，而且好动，学习不好，被学校归入差生行列。然而，无论他的字迹多么潦草，在拼写方面出现多么严重的问题，面对阅读材料感到多么的吃力，却从没放弃过对未来的憧憬和希望，最终他扬长避短，集中锻炼自己的能力，成了英国伟大的首相。

美国哈佛大学教授霍华德·加德纳曾说："通向成功的道路有许多条，在不同领域不同行业，人们取得成功所需要的才能和智慧是不一样的。几乎每个孩子都有自己擅长的一种或几种才能。"

是这样的，有的孩子视觉发达，父母可以让他们多看；有的孩子听觉发达，父母可以让他们多听；有的孩子爱运动，有表演天赋，父母可以让他们表演阅读；有的孩子说话早，对语音很敏感，很有语言天分，对文字的领悟能力很强，父母可以反转角色，让他们给大人朗诵……

总之，如果父母能让孩子用他们擅长的方式来阅读的话，记忆力也就不会成为问题了，而且可能很早就能发现他们的特长。

50

为什么孩子无法集中注意力

珊珊和嘉嘉是一对漂亮可爱的双胞胎，可妈妈给两个宝贝女儿讲故事的时候发现，两个长得一模一样的孩子，神态和反应却是千差万别的。

嘉嘉在听妈妈讲故事的时候，非常认真，一直盯着妈妈和妈妈手里的书，脸上的表情也是随着故事的喜怒哀乐而发生着变化。但珊珊却恰恰相反。妈妈讲故事的时候，她要么在玩手，要么在抓头，要么头转到一边看小狗狗，总之，没有一分钟是集中精神的。更令妈妈感到苦恼的是，原本注意力很集中的嘉嘉，在珊珊东张西望的时候，也开始注意力不集中了。

如何才能改变孩子这种无法集中注意力的状况呢？

哈佛大学心理学家杰罗姆·卡根（Jerome Kagan）曾说，一对一教学对帮助孩子集中注意力有好处。他甚至还强调说，如果可能的话，家长最好给每个孩子单独读故事听。

所以，对于珊珊的妈妈来说，她最好的办法就是在陪孩子阅读时，把两个孩子分开。比如这一周里，一三五陪嘉嘉阅读，二四六就陪珊珊阅读。最好还能多和珊珊单独相处，这个相处的时间，除了给她读故事外，还可以聊天或玩游戏。当然，不管是聊天还是玩游戏，最好能和阅读及阅读的内容有关，或者是和日常生活中常见的一些东西有关。

孩子一旦对妈妈讲的这些事物有了概念，或者对它们产生了兴趣，也就具备了进一步学习的基础，孩子的注意力也就可以集中了。

通常来说，对三岁大的孩子而言，他们注意力短暂是很平常的事，但如果到了六七岁这种可以上小学的年龄还是如此，那就必须提高警惕了。马萨诸塞州的一位语言临床医生曾在一封信里这么写过：

“我的语言发展课程着重于给学生朗读。我之所以开这门课程，就是因为我发现语言发展迟缓的孩子越来越多，急速增加的工作量令我惊慌。渐渐了解了他们的家庭状况后，我才明白造成这种现象的几个原因。这些孩子之中，有许多人都是从婴儿时期就被送到托儿所；有些人直到现在，放学后仍必须先去托儿所。许多父母承认他们没有时间和精力读故事给孩子听，也没有耐心去回答（或一同去找出）一个3～4岁的好奇的孩子永无止境的问题。电视通常变成安抚孩子的保姆。”

这位医生的话告诉我们，父母和孩子相处越少，交流越少，孩子注意力越容易不集中。反之，如果父母经常和孩子单独相处，不是“顺带”带他们，而是将他们当作生活的重点，慢慢地，孩子对父母所讲的，所做的事，也就有了兴趣。他们会有种“和我有关”的感觉，注意力自然也就容易集中了。

另外，注意力不集中，是可以互相“传染”的，这就是为什么珊珊注意力不集中，最后嘉嘉也注意力不集中的原因。比如说，当老师让十几个孩子围成圈，给他们讲故事，故事刚刚开始几十秒，便有两个小朋友从所围的圈中走了出去，他们给人的感觉是这个故事很无聊。慢慢地，会有很多小朋友效仿，短短的几分钟，便有一半的孩子不愿意听故事，注意力转移到别的上面了。

孩子的注意力和他们的兴趣爱好以及定力有关，也和外界的影响有关。所以父母在阅读时，除了要提醒孩子集中注意力外，还要给他们营造一种不嘈杂、少干扰的环境。当父母不管陪着孩子干什么，都能集中精力，用心对待孩子时，孩子也会集中精力，用心对待的。

51

孩子阅读没耐性怎么办

有些父母也知道阅读很重要，也想着让孩子进入早期阅读的行列，所以他们买来很多书籍，什么绘本、画册、童谣、故事书，每种类型都买一两本。然而，让他们失望的是，不管他们给孩子朗读故事还是让孩子自己去看书，孩子都是拿这本书翻翻，再拿另一本书翻翻，每本看不到两分钟就扔掉，直弄得房间满地都是书。父母给他们讲故事，他们刚开始还很认真，但没听一会儿，又不耐烦了。这让父母很苦恼，甚至认为孩子就不是读书的料。

实际上，孩子的这种没有“耐性”的做法，很大程度是因为他们对所看的图书不感兴趣的缘故。因为不感兴趣，所以他们很快就会厌烦。

这个阶段的孩子，他们的注意主要是以无意注意占优势的，有意注意虽然也在发挥作用，但因为受到大脑高级部位的控制，其影响力较小。这个时期的孩子，更多地受到外界环境的影响，特别受到大人的影响。

比如说，通常两岁多的孩子，他们的有意注意只有二十分钟左右。因此他们在看一本书时，差不多二十分钟后，注意力就会转移到其他事情去了。而很多父母并不了解这一点，只是一个劲地给他们买了很多内容各异的书籍，这相当于又给他们创造了一个容易转移注意力的环境。

想想看，面对花花绿绿的一堆书籍，孩子能长久关注其中一本书吗？孩子的本性就是好奇心强，他们原本就喜欢各式各样的东西，五花八门的书籍摆在面前，他们自然就像猴子掰玉米一样，掰一个，扔一个，最后手里空空如也，什么也没有。

为了解决这个问题，父母可以根据孩子这个阶段的生理和心理特点，每次不要给孩子买太多的图书，带孩子去书店时，如果他看到想要的图书，也不要那么容易地满足他（她）。有些父母一见孩子指着哪本书要，就很高兴地答应，觉得孩子就是喜欢看这本书，其实未必，也许孩子只是觉得家里没有这本书，当父母满足了他们的要求，把书买下来后，他们极有可能又会把书丢在一边。所以家长可以将给孩子们买书当成一种对他们的奖励。可以告诉他们："你先把家里的某某书看完，我再给你买！"这时候，孩子为了得到他们没有得到的图书，自然也会认真去看已有的图书。

当然，家长需要注意的是，答应孩子的，就一定要做到。在孩子把家里的书认真看完后，就可以带着他们去书店买心仪已久的书了。因为这时候，孩子对于好不容易得到的东西，自然就会更加珍惜了。

除此之外，还可以给孩子专门布置一个存放图书的空间，并且帮助孩子把各类图书分类放好。或者可以引导他们，让他们按分类来阅读。甚至可以告诉孩子，这个书园是他（她）的小天地，需要他（她）来管理，一本看完后，再看下一本。这样孩子学会了分类，学会了管理，同时也就会养成做事有始有终的好习惯，实际上也是在培养孩子的责任心和耐心。

当然，还有最重要的一点就是，给孩子买书，一定要根据他们的性格爱好，要知道他们需要什么，买他们真正喜欢的、感兴趣的图书。因为只有让他们真正感兴趣的图书，他们才有耐心将它读完。

在孩子的耐心还是有些欠缺的时候，父母一定要和孩子一起阅读。在他们没有耐心的时候，及时提醒他们，让他们把一本书看完再去做其他事。和孩子一起阅读的时候，父母也需要有耐心，不要读着读着书，忽然又想起要干什么了，马上放下书、撂下孩子，干自己的事情去了。除非非去不可，不然什么事情都可以先放下，把和孩子完整读完一个故事或一本书作为头等大事。父母的言传身教，才是培养孩子耐性的最好办法。

如果孩子是因为在阅读中遇到了一些问题而没有耐心看下去，父母也要及时鼓励他们，帮助他们解决这些问题。

用好每一本图书，让孩子发挥他们的想象力，和孩子一起开发一些好的，适合他们的，他们感兴趣的阅读方式，这样既能锻炼孩子的思维，也可以培养孩子的耐性。让孩子在阅读时，不再处于不断“移情别恋”中。

其实培养孩子的阅读耐性，也是在培养孩子在其他事情上的耐力，这对他们以后的成长发育及性格的塑造，是非常有好处的。

52

如何提高亲子阅读时的明智度

如今有很多成年人，在回忆起儿时父母给自己讲故事的温馨场面时，总会一脸幸福。所以他们也希望把这种幸福传递给孩子，希望能像当年父母一样，给自己的孩子讲故事。然而，当孩子坐在我们身边，听得津津有味时，我们有没有意识到，这不仅仅是在讲故事，而是在提升孩子的智力？

很多父母肯定会一头雾水吧。提升孩子智力的阅读，需要有明智度。那什么是阅读时的明智度呢？又怎么才能判断一个人的阅读明智度呢？

所谓明智度，从字面上简单分析，是指明智地阅读。当父母可以做到为孩子明智地朗读，培养孩子明智的阅读能力时，家长的明智度无疑在发挥着重要作用。

我们先来看看，什么样的家长才是有明智度的：

1. 大声朗读。

很多家长不喜欢给孩子大声朗读，甚至从未给孩子大声朗读过。第一是觉得不好意思，第二是借口太忙。其实，父母的大声朗读，能够刺激孩子的语言发展能力，提高他们的形象思维能力。而且在给孩子有激情地大声朗读时，会让孩子从父母那里感受到力量，这是增进亲子感情的绝好时机。

2. 尽早朗读。

很多父母有这种感觉，几个月大的孩子什么都不懂，所以即使给他们朗读，也要等到他们一周岁或会说一点话后。其实这种想法是错误的。美国儿童科学研究会曾做过一个研究，并得出结论，越早越多地为孩子朗读，就能越好地促进孩子的生长发育。甚至还有一些研究表明，胎儿在母体里就非常喜欢听妈妈朗读故事，这也就是所谓的胎教了。因此我们可以这样说，胎教并不局限于听音乐，阅读文章也是一个不错的选择。孕妈妈时常心情愉快地朗读一些文章和故事，对胎儿是很有好处的。

3. 婴儿时期有节奏和韵律的朗读。

确实是这样。刚出生的新生儿，在父母给他们朗读时，他们是不可能明白读的是什么的。所以在婴儿几个月大时，父母可以为他们读任何一种读物——婴儿书、小说或者报纸等。因为在某种程度上，朗读这个行为，从本身上来说，比在读什么内容更重要。但是，父母也要清楚一点，孩子在这一时期，通常既喜欢一些色彩明艳、形象生动的玩具，也喜欢听大人有韵律、节奏感强的声音，所以给孩子朗诵儿歌或童谣是不错的选择。这样的朗读，即使孩子不知道内容是什么，但节奏和韵律却是会印在脑海里的。

4. 幼儿时期重复朗读。

对一些年龄比较大，比如说十岁以上的孩子来说，如果让他们一遍又一遍地重复看同一本书，他们会很容易厌倦的。但如果是几岁的小孩子，只要他们喜欢，即使一本书他们已经看了很多遍，他们还是会很愿意看。因为一切东西对儿童来说都是新鲜陌生的，图书也一样，他们只有多听几次才能理解父母朗读的内容，而且那些熟悉的内容，他们能猜出结局，这很容易让他们建立自信并取得成就感。

所以对于幼小的孩子来说，父母应该耐心对待他们反复要求朗读同一本书、同一个故事的要求，并且认真回答他们提出的各种问题。

5. 不用朗读磁带、光盘替代父母朗读。

很多父母喜欢给孩子听朗读磁带或光盘，一方面他们认为磁带上的朗读发音更为标准，另一方面是因为自己太过忙碌。实际上，孩子对那些不带亲密感情色彩的语言遗忘很快，特别是婴儿会这样。所以有时候，磁带、收音机及电视里的声音，对较小的孩子意义并不大。父母最好能够亲自给孩子朗读，这样可以加深他们的记忆。

6. 有规律的朗读。

每天定时给孩子朗读，是培养孩子养成有规律阅读的好方法。如果某天或某几天因为忙碌或出差耽误了某次或某几次的朗读，父母一定要在第二天或有空的时候补回来，父母坚持阅读的习惯其实就是对孩子最好的言传身教。

7. 让幼儿积极参与阅读。

和幼儿一起阅读，目的并非是让他们认字，抑或是让他们理解故事，而是让他们享受这个阅读的过程。所以在和他们一起阅读时，不要一刻不停地读下去，而是要在阅读时，不时让孩子参与进来，和孩子产生互动。父母的阅读速度和阅读方向，是应该由孩子的兴趣及问题决定的。比如说，父母在给孩子朗读，或者和孩子一起阅读时，可以让他们指出图书上的一些图画，说说他们自己的看法。同时对于一些日常生活中经常遇到的词语，可以多换几种语调来表达，让他们知道，语调不同，意思也不同。而且在和孩子一起阅读时，父母最好清楚，自己是在陪孩子阅读，所以要读哪本书，最好由他们决定，或者和孩子商量着来，而不要变成孩子在陪父母阅读。

8. 选择幼儿喜欢的简单图画书籍。

对于一些一岁半以下的幼儿来说，他们更喜欢简单的图画，因为繁杂的图画对他们来说，是很难看明白的，甚至可以说会不耐烦看。所以在孩子还小的时候，对于他们一些无法“消化”的东西，父母最好给他们避开，尽量选择那些没有情节、图画简单的书，最好是一页纸上只有一幅图。

9. 孩子刚开始阅读时，不强调认字识数。

父母过早地把阅读重点放在教他们认字、发音、拼写上，不仅不会让孩子的阅读兴趣增强，反而会逐渐使他们丧失阅读的兴趣。很多父母急功近利，认为早点教他们认字，就能让他们早点学会阅读，并且跑在同龄小孩子的前面。这想法当然是错误的，儿童心理发展专家曾说，孩子一出生就教他们认字写字，会给他们带来压力和负担，对他们的长远发展没有好处。专家主张父母应该把重点放在培养孩子阅读兴趣和亲子交流上。

10. 即使孩子有阅读能力，父母仍旧为他们朗读。

很多父母见孩子能自己阅读了，便觉得自己没必要再给他们朗读了。其实这想法也不对。通常孩子在十三岁以前，他们的听力理解水平是远远高于阅读理解水平的，所以与自己阅读相比，他们更容易理解父母大声说出念出的语句和概念。有了父母的朗读，孩子们就能轻松地扩大自己的词汇量。更主要的是，父母给孩子朗读，也是在和孩子交流，是和孩子亲情上的交流，这种交流的意义，好处也就不言而喻了。

有了以上十条，每位父母再对照一下自己，看看自己是不是有阅读明智度，看看自己是不是有需要改进的地方。

53

影响孩子阅读能力的六大因素

在孩子的阅读问题上，很多父母最关心的，肯定是孩子阅读能力的问题。孩子的阅读，是一个非常复杂的过程，有许多因素会直接影响孩子阅读能力的发展，具体分析如下：

1. 语言接受能力的影响。

当人们在面对一些读物的时候，首先面对的就是一个接受的过程。这个接受过程，也是对字、词和句子的辨认与理解过程。如果这一过程出现了困难，那么孩子就会在口头表达和书写方面出现障碍。

那接受过程落后的孩子通常会有哪些表现呢？这些孩子对于一些常用词，特别是一些比较抽象的词，不是太了解。同时，他们说话的时候，和同龄孩子相比，显得幼稚而简单；在和大人说话的时候，也是很难理解大人的意思，不能做出一些正确的判断。即使是一些正常的句子，理解起来都很难，考试成绩通常也很差。这些表现，很可能是他们听觉落后造成的。

2. 语言表达能力和书写能力的影响。

一般情况下，我们在听到或看到一些文字的时候，我们先是接受它，然后把它放进大脑里贮存起来，最后将它形成文字表达出来，这就是语言的生成环节。可有的孩子在上面提到的接受环节虽然没有出现落后，但却在这个生成环节上出现了落后，这仍然会对孩子以后的阅读能力发展造成不好的影响。

语言表达能力和书写能力落后的孩子通常有如下表现：他们说话时，词汇量很少，甚至总是使用那几个相同的词，单调乏味，而且还结结巴巴；上课时，他们不敢发言，即使发言也词不达意；写字更是提笔忘字，错别字满篇。当然，也有些孩子出现爱写不爱说，或者爱说不爱写等情况。

这些孩子之所以会这样，很大程度是因为视听能力不足引起的。当然，也可能是后天环境的影响。

3. 家庭环境的影响。

通常情况下，父母的语言表达能力强，孩子的阅读能力也就差不到哪里去。可见，家庭环境对孩子阅读能力的影响是非常大的。影响孩子阅读能力的家庭环境有两种：

一种是比较重视语言的家庭。这种家庭的父母，比较重视和孩子的语言交流，而且交流的语言也比较规范。对孩子看电视和玩电脑等，都会有适当的约束。

这些家庭的父母，大多有着较高的文化素养，他们能说会道，言之有理。所以，言谈在家庭生活里占了很大比重。在这种家庭里长大的孩子，因为从小受到了这些良好语言刺激，所以也就知道了语言的重要性，养成了重阅读的行为习惯。

另一种是缺少语言刺激的家庭。这种家庭的父母，通常都是沉默寡言，说话非常简单。更不要说表达用词的丰富和规范了，他们对孩子看电视和玩电脑也总是置若罔闻。因为他们自己都整天沉浸在电视网络上，夫妻间既不交流，也不和孩子交流。生长在这种缺少语言刺激的家庭，孩子自然也无法意识到语言的重要，所以从小就语言匮乏。

更重要的是，这些家庭的父母，认为孩子长大后，能说的、该说的都会说。甚至还认为，早期阅读没有必要，孩子长大上学了，自然就会看书了。有了这种想法的父母，孩子当然会在语言表达上有欠缺。长时间这样，怎么可能培养得出爱阅读的孩子呢?

4. 负面情绪的影响。

有些孩子在面对阅读时，会有种害怕和焦虑的情绪存在。而这种情绪又会影响他们阅读，于是出现了恶性循环，导致他们最终对阅读产生恐惧心理，甚至不敢再去尝试发言或朗读。此外，还有一些孩子会对阅读产生一种厌烦心理，面对阅读不是反感就是回避。这些负面情绪让他们无法把精力投入到阅读中来，相反，他们却对一些非阅读活动有浓厚兴趣。

另外还有一些自尊心很强的孩子也不喜欢阅读，之所以不喜欢是因为他们把自己定位成不被人喜欢的、不好的，甚至没出息的孩子，所以有破罐子破摔的想法，对阅读更不可能产生兴趣。

5. 阅读兴趣方面的影响。

有个孩子，他的语文成绩总是名列全班最后，作文也是错字连篇。让他阅读，那简直就像坐牢一样让他难受。每天一放学，他首先想到的就是回家看动画片。一开始的时候，父母还以为他是阅读上有障碍，最后才发现，他只是对老师让阅读的内容没兴趣。

他只喜欢读与军事有关的书籍，只要是战争方面的文章和小说，他都能快速阅读，而且能准确理解。但面对其他读物，以及学校课本里的文章，他就明显有种无能为力的感觉，不会分析段落大意，无法领悟语法，甚至读起文章来也是磕磕巴巴，语焉不详。

为什么会出现这种情况呢?

原来，他对军事读物的独有兴趣，让他积累了很多关于军事的词汇，这让他在阅读军事读物时，顺畅了很多。越顺畅，他就越喜欢，越喜欢就越有兴趣。慢慢地，他对其他读物就失去了兴趣，只关注与军事有关的书籍，不关注其他书籍了。

直到这时，父母才意识到，他们在培养孩子阅读时，太任其发展了，所以养成了孩子只偏爱一种读物的不良阅读习惯。

所以，父母在培养孩子的阅读习惯时，一方面要照顾到他们的喜好，另一方面，也要做适当的引导，及时纠正他们过度的片面阅读兴趣。

6. 超前或落后的教育造成的影响。

有时家长给孩子挑选的阅读内容较难，不适合孩子现有的理解水平，就会导致孩子对阅读产生恐惧。有些孩子喜欢形象的读物，也有些孩子喜欢抽象的读物，所以如果家长不根据孩子的自身需求，随自己心愿强迫孩子阅读某类书籍的话，很可能让孩子对阅读产生反感，并最终完全放弃。

此外，有些家长对孩子阅读时的发音很关注，但对孩子阅读的过程，甚至对文章是不是理解并不关注。比如一些孩子朗读起来，字正腔圆，但提问他们是否理解所读内容时，却又张口结舌。这是因为父母错误的阅读方法教育造成的。父母在对孩子发音上的过度重视，导致孩子只关注单个字的发音，而对自己读了什么，反倒不关注了。所以这也是孩子朗读强，而书写能力及对文章的理解能力差的原因了。

上述六方面因素，是影响孩子阅读能力发展的关键。父母要对自己进行自查，对孩子进行检查，如果自己或孩子与上面所列举的因素出现较大的吻合，那么父母就一定要尽快想办法进行补救了。

54

提高孩子阅读能力的五种训练

在上一节里我们知道了影响孩子阅读能力的六大因素，那到底怎样才能有效地提高孩子的阅读能力呢？这节我们给父母们介绍五种可以帮孩子提高阅读能力的阅读训练。

1. 训练孩子做标记和做笔记。

在孩子开始阅读前，父母可以叮嘱他们，阅读时要做标记。比如，在阅读时可以使用颜色标记（如红色、蓝色等）或者特殊符号标记（如直线、波浪线等）将一些优美的词句标出来。当孩子阅读完后，又可以让他们做读书笔记，比如评价式笔记，说出自己阅读的感觉；疑问式笔记，写出自己哪方面没弄明白；抄录式笔记，哪些字词、句子需要摘录出来另看；等等。

训练孩子做标记和写笔记，一定要根据孩子的特点，让他们在适合他们看的图书上做标记、做笔记。这种做法，如果被孩子当成习惯持续下去，是会让其终身受益的。

2. 训练孩子有目的阅读。

很多孩子都习惯于漫无目的地阅读，不仅仅是孩子，就是家长也总是随意扔给孩子一本书，让他们随便看。“能看懂多少就看懂多少吧！只要不闹，别影响我做事就行了！”这是很多父母对孩子阅读的态度。也正是父母这种懒惰的阅读指导方式，让孩子的阅读能力无法得到提升，甚至还造成了他们不良的阅读习惯。

要想提高孩子的阅读水平，当然得先帮他们培养一个良好的阅读习惯。要知道，孩子随便翻翻，一目十行的做法，算不上真正的阅读。真正的阅读是带着问题、做笔记的阅读。所以说，父母在孩子阅读前，可以先给他们出几道具体、简单的问题，让他们阅读完后，回答这些问题。这时候，如果孩子是带着问题在阅读的话，自然不会应付了事，阅读也会认真起来。

3. 训练孩子的发散性思维。

我们都知道，一篇文章，它的信息量是有限的，如果看什么是什么，获得的知识量肯定也有限。但如果能根据文章内容，结合现实情况，教孩子进行思维联想，也就是发散性阅读，这样不仅能加深孩子对文章的理解，而且还能让他们举一反三，获得更多知识。

当然，这种发散性阅读，最好还是先从简单的词汇发散开始，也可以是相关知识的发散。比如说，在看一篇关于蝴蝶的文章时，就可以让孩子从蝴蝶这个昆虫中，联想到其他昆虫，然后又可以让他们找虫字旁的字等。

这种发散性思维，既能增加孩子的阅读兴趣，又能让他们掌握更多与此文章相关的知识。

4. 训练孩子的概括能力。

孩子在阅读一篇好文章之前，父母可以先教会他们如何归纳总结，这样他们在阅读的过程中，便能在深度理解这篇文章的基础上有意识地去学习概括能力了。

很多父母都做不到这点，因为他们认为孩子年龄还小，归纳总结的能力，是需要在学校学的，是老师教的，不是家长的责任。实际上，如果孩子在学前，有了父母对归纳总结的初步指导，在以后的学习中，他们便会轻松很多。

5. 训练孩子边阅读边提问题的习惯。

孩子们在阅读的时候，如果提出的问题越多，他们获得的知识也就会越多，这就是所谓的“大疑得大知，小疑得小知”。

在日常生活中，父母可以通过生活中的一些小事情，向孩子提问题。在孩子回答后，也可以针对这个事情，再让孩子给父母提问题，由父母回答。等到孩子已经习惯于提问题，寻找答案后，在他们阅读前，父母便可以根据文章内容，先向他们提出问题，让他们带着问题去阅读。同时还要告诉他们，等到看完书后，也要找出一些问题来问父母。

边读文章边思考问题，这是一种开动脑筋的阅读，是一种有准备的阅读，当孩子的心中有了问题时，他们就会有探索解密的心理，这种心理能很好地调动孩子思考的积极性。这种积极的阅读方式可以帮助孩子养成凡事都会问个“为什么”的好习惯。

父母通过对孩子进行以上五个方面的训练，可以说就基本把孩子阅读前的准备工作都做好了，有了这些准备和训练，孩子在阅读的时候，也就不会毫无目的、毫无方向了。

55

培养孩子阅读能力的三种方式

让孩子拥有较强的阅读能力，是每个家长的愿望。而培养孩子的阅读能力，需要家长从培养孩子的阅读习惯做起。从小夸奖、鼓励孩子的阅读表现，暗示、提醒他们改掉不良的阅读习惯，并帮他们养成科学的阅读思维，这样培养出来的孩子，才具备善于阅读的能力。

下面给家长介绍三种可以有效培养孩子阅读能力的方式。

1. 父母要经常夸孩子“会看书”。

比如说，当孩子正在认真地看书时，家里来了客人，父母就可以对客人说：“我儿子（女儿）特别会看书，他（她）看书，不仅仅只是在看热闹，而且还能读出很多感悟来。”

这种夸奖方法，被孩子听到耳朵里，会有很大的激励作用，他们在接下来的阅读中，就会如家长所愿望的“读出很多感悟”，更深入地去思考和领悟所阅读内容的意义。这样一来，越来越觉得阅读充满乐趣的孩子，他们的阅读能力就会提升得更快。

所以别小看“会读书”这简单的三个字，它们极有可能成为孩子爱上阅读的助推力。

2. 父母要暗示孩子“主动地读书”。

父母最好在孩子刚学会自主看书的时候，暗示他们要主动地读书，也就是说：不要跟着书走。因为孩子在刚开始阅读的时候，思考能力不强，只是为了读书而读书，一本书读下来，里面写了什么，作者写这本书的用意是什么，他们完全不清楚。而主动去读书的话，书里的内容会在思维运动中重新整理，这样看进去的信息是别人的，等到从大脑里出来时，就变成自己的了。这才算是真正读懂了图书。

说到这一点，有些家长一定要注意，不要因为孩子在复述故事时，觉得孩子说的和书上描述的故事不一样就责怪他们，而应该对他们的创新进行奖励，这可以有意识地培养孩子们用“脑子”读书，而不仅仅是用眼睛或嘴巴阅读。

有人曾很形象地将阅读和吃螃蟹相提并论。他们说，螃蟹在上桌之前，已经由厨师加工处理过。而当螃蟹端上桌后，我们吃的时候，还要再进行处理。我们会将壳和肉分开，然后把肉吃下去，把壳扔掉。不可能厨师端上来是什么样子，我们就原封不动地把它吃下去。阅读也是一样，“读”的过程等同于“吃”的过程，一定要对所读到的内容进行筛选吸收。

这个比喻特别形象，这和“取其精华，去其糟粕”是一个意思。同时，因为螃蟹的结构非常复杂，所以精华部分我们还要再做加工处理，比如吃的时候最好加上一些佐料。这样，美味的螃蟹肉就被我们吃进嘴里，营养也就被我们吸收了。

所以我们在教孩子阅读时，让他们根据需要对内容进行筛选和处理。什么是需要记住的？什么是不需要记住的？什么是需要理解的？什么是重点的？什么是非重点的？等等。这又回到了我们前几节说的，尽可能让孩子喜欢上做读书笔记，这对充分“吸收”图书中的“精华”是非常有好处的。

3. 父母要教会孩子“整理”思维。

我们知道，如果我们的房间不是我们自己整理的，而是家人或保姆帮忙整理的，那我们在找东西的时候，肯定会有些困难。可如果这个房间是我们整理的，那找起东西来就自如多了。哪样东西放在哪个地方，我们心里都会清清楚楚。所以这个整理东西的过程，虽然看上去会耗费我们的时间和精力，实际上却会给我们省下很多时间和精力。这也就是俗话说的“磨刀不误砍柴工”。

阅读和整理房间的道理也是一样的。对所阅读的内容整理一遍，就相当于重复记忆很多遍。所以家长除了培养孩子记读书笔记的习惯外，最好还能培养他们提笔整理所阅读文章的脉络和结构的习惯。这样对孩子以后的写作能力，是非常有帮助的。

这篇文章的描述对象是谁，行文结构是怎样的，想要表达什么……当孩子带着这些问题去阅读，而又能将自己的观点、想法很好地融入其中时，那么再从他们小嘴巴里描述出来的故事，就不会很差。这其实也是思维训练和写作训练的一种方法。

总的来说，阅读能力相当于一种处理所阅读的信息的能力。当孩子有了一种较好的处理、整理文章信息的能力时，也就有了处理、整理任何信息的能力。有了整理生活、社会等各种信息的能力，还担心孩子没有一个美好的未来吗？当然，这些能力，都是在阅读中逐渐养成的。所以父母在教孩子阅读时，一定要特别注意孩子阅读能力的培养。

阅读是一种智慧，在阅读中整理，在整理中阅读，这才是阅读能力培养的最好方式。

第八章

阅读让孩子受用一生

孩子素质拓展阅读

好的兴趣爱好决定孩子一生，阅读便是其中之一。有人说，阅读好像一扇窗户，通过它，能看到并且认识世界和自身。不同题材的图书，给孩子提供不同的视角，让孩子看到不一样的世界和人生，获得不同的体验和感悟。

56

名著：提升文学素养

经典名著之所以会成为经典，就是它经受住了几千年来读者的检验，影响了几代人、十几代人甚至几十代人，它是几千年来文化的精髓，其精神价值无法估量。

这些经典名著作为重要的文化遗产流传下来，作品中的语言、情节和人物形象，均对读者产生极大的震撼力，这种影响是如今流行的一些文学作品所不能比拟的。

现在的图书市场，到处充斥着通俗读物，虽然能让人感受到时代气息，但却无法给人以深沉的人生思考。所以孩子们从小多读点经典名著，对提升他们的精神涵养是非常有帮助的。

著名学者周国平曾说，名著之所以为名著，就是因为作者是“拥抱所有国家和所有时代”的，这样的作者，他们的作品自然会触及人类共同感兴趣的一些重大问题，并能表达他们独到的见解。

阅读名著能让孩子学到很多东西，很多父母都知道这点，他们也曾买过不少名著给孩子阅读，但相当一部分孩子，却在回避名著，主要原因无非有两点：第一是名著所描写的东西，离现实生活太远，不能引起孩子的兴趣；第二是由于年代差异、东西方文化差异，孩子在阅读时会遇到不同程度的障碍。

有个刚刚上小学四年级的孩子，暑假的时候，他的爸爸妈妈给他买了《西游记》、《三国演义》、《高老头》等经典名著，而且还给他借了老舍的《骆驼祥子》。“这些都是名家名作，一定要读！认真读！这个暑假最少要读完两部！到时候我抽查。”爸爸妈妈在给他书的时候，斩钉截铁地下了任务。

面对那一沓厚厚的名著，孩子怎么也读不下去，他拿着书翻来翻去的，只找那些有对话的文字来看。他觉得自己对名著不感兴趣，觉得还没有悬疑小说有吸引力，可爸爸妈妈盯得紧，所以整个暑假，他都抱着名著，但脑子里却在想其他事，结果什么都没读进去。有时没看两页，便开始打盹，更被父母一阵责骂。

暑假结束，爸爸妈妈检查他的阅读成绩，结果可想而知。父母郁闷，为什么孩子不知道好好读名著呢？而孩子更郁闷，整个暑假，玩也没玩好，书也没看好。

《魔鬼辞典》上对“名著”的解释是：人人都希望自己读过，但人人又读不下去的作品。真是这样吗？名著肯定是好作品，可要怎样才能把名著读下去，而且读好呢？

下面提供几点建议，父母们可以作为参考：

1. 尝试让孩子先从他们感兴趣的地方读起。

想想看，如果让孩子正襟危坐，面对厚厚的一本名著，摆出一副“不读完，誓不罢休”的姿态，不要说孩子，就是大人心里也会犯怵的。说不定读不到两三页，便觉得索然无味、苦不堪言了。名著本来是最好的“精神食粮”，读书原本应是一件很享受的事，但如果带着压力去读，最后不仅“吃”不下去，而且说不定导致一看到名著就觉得“倒胃口”。

所以，家长不妨教孩子从他们感兴趣的地方开始读起。比如说《西游记》，很多孩子最感兴趣的就是“孙悟空大闹天宫”了。如果让他们从这一章读起，一定会激起他们的兴趣。说不定读到后面，觉得有些前面发生的情节自己不知道，又会向前翻阅。

如果真遇到不感兴趣的章节，也不要硬让孩子读，可以索性让他翻过去。总之，始终让兴趣牵着孩子的思维走，相信他一定读得兴味盎然、乐此不疲的。

2. 可以采用电视引导法。

如今，电视台很懂得“与时俱进”，在假期，经常播放一些根据名著导演的电视剧。比如上面说的《西游记》，每年暑假、寒假，都有很多台在播放。面对这么好的机会，父母千万不要阻止他们看电视，反而要鼓励他们，甚至陪着他们看。

当然，电视并不能取代名著，因为电视只能把名著那丰富的内涵表现出一小部分，而名著之所以成为名著的奥秘只能在品读的过程中才能体会到。所以父母可以和孩子约定，看完电视后，让他试着再去读名著。并且让他分析书上写的和电视上放的，有哪些区别。

当孩子带着找不同的态度去看的时候，自然也就认真多了。而当他们再去看书时，那些似是而非的情节，那些一晃而过的镜头，都可以从书中找到最好的诠释。这时读书便犹如和一个老熟人交谈，让人感到很轻松、惬意。这时候的孩子，一定不会再感到看名著乏味了。

3. 让孩子写读书笔记，甚至“仿写”故事。

老话常说“好记性不如烂笔头”，也有句话说，“读千遍不如手写一遍”。这两句话的意思告诉我们，做笔记很重要。勤写读书笔记是一种良好的阅读习惯，特别当孩子在阅读名著时，教会他们把书籍里的精华，抑或是将自己阅读后的感受写下来，既能帮他们牢固掌握文章精髓，又能让他们在阅读中获取知识，更能锻炼他们的思维，提高写作能力。

此外，父母还可以让孩子“仿写”故事。许多孩子是非常喜欢名著里的故事和人物的，所以可以让他们写出自己所希望的结局。比如在他们看了故事后，可以让他们把自己想要的结局以及自己喜欢的人物命运做个改写。这样，不仅会提高孩子的阅读能力和写作能力，而且还能激起他们阅读名著的成就感。

当然，还有重要的一点是，如果有可能，和孩子一起阅读名著，并互相讨论，这是帮他们爱上名著的一种好方法。

不过，需要注意的是，现在书市鱼龙混杂、良莠不齐。尤其一些外国名著，同一本作品，翻译不同，版本不一，质量也就相差很大。所以父母在给孩子买名著的时候，一定要注意买正规出版社、知名出版社出版的图书。

57

国学：成就做人根本

国学经典书籍，博大精深，是中华民族智慧的结晶，也是世界文化宝库中的璀璨明珠。但很多家长一听国学，就觉得那是老学究、老年人看的，和年轻人没有关系，更不要说孩子了。

其实，国学书籍是能够满足不同人群的需要的。特别是孩子，在各方面还处在发育阶段的时候，学习国学，他们的心灵能受到中华五千年文化的滋养，人性基础会因此而越加坚实。

有位年轻的妈妈，性格脾气都比较急躁，带儿子时，儿子一哭一闹，她就发脾气。有时候，看到孩子哭，她也急得哭。孩子的爷爷是位老教授，有一天就对她说："你和孩子一起读读《中庸》吧！"这位年轻的妈妈很不屑地说："那是你们读的！"孩子爷爷笑笑："读着试试嘛！和孩子一起读！"

于是，年轻妈妈找出一本《中庸》，抱着两岁多的孩子，先是无精打采地读，读着读着，便有了兴趣。更重要的是，她能够平心静气地对待儿子的哭闹了。她问孩子的爷爷是什么原因。孩子的爷爷说，有着文化底蕴的东西，会让人心平气和起来，好好读，孩子也会受益的。

此后，年轻的妈妈经常给孩子读国学，《中庸》读完就读《论语》，然后又读《孟子》。"人法地，地法天，天法道，道法自然……"老祖先们留下的这些智慧结晶，三岁的孩子，慢慢地也能摇头晃脑地背诵起来。而妈妈和孩子在阅读中的温馨，更让孩子感受到了爱和温暖。

每天早上起来，妈妈就会给孩子说："我们今天读哪儿？"孩子想想说："我们读'蒹葭苍苍，白露为霜。所谓伊人，在水一方'！""好！"年轻妈妈高兴地应允。

在给儿子读时，儿子时不时会看着妈妈，"妈妈，你笑一下，我才读。"妈妈赶紧咧开嘴笑一下，孩子便马上眉开眼笑地读起来。这种温馨的场面，即便孩子长大了，也会记忆犹新吧。

梁启超曾在《国学入门》里说过："好文学是涵养情趣的工具。做一个民族的分子，总该对于本民族的好文字十分领略，能熟读成诵，才在我们的'下意识'里头，得着根底，不知不觉会'发酵'。"

那要怎么读国学呢？

日本的教育学博士，七田真博士对经典诵读在开发右脑中的作用，作了详细论述，他说："'素读'就是不追求理解所读内容的含义，只是纯粹地读。明治以前的日本教育就是这样按字面来教孩子'素读'中国的四书五经的。"

七田真博士还说："这种不求理解、大量背诵的方法是培养天才的真实方法，也就是右脑教育法。犹太教育培养出了很多诺贝尔奖获得者，他们的基础教育就是以记忆学习为中心，强调反复朗读，而诵读经典是他们每一个孩子最基本的启蒙课业。"

七田真博士的这两段话是什么意思呢？简单总结就是，别管懂不懂文章的含义，先读了再说。

还有一位母亲，在她女儿三四岁的时候，为了不影响自己做事，她就给女儿买了很多著名的动画片放在家里，孩子想看就播放给她看，她有时候还会跟着女儿一起看。有一次，她在陪女儿看迪斯尼动画片《白雪公主》时，还被深深吸引了。然后她一发而不可收地搜罗了很多动画片放在家里，并且还教会了女儿用 DVD 播放。

可等孩子上了学后，她才后悔莫及，因为女儿不仅眼睛近视了，而且还不喜欢阅读书籍，只喜欢看电视、看 DVD，因为电视和 DVD 有画面感。说严重点，孩子甚至已经缺乏了想象力和思考力。

意识到问题的严重性后，这位母亲开始陪女儿阅读，她最先挑的是《诗经》。在阅读的过程中，她慢慢对国学经典产生了浓厚的兴趣，并认识到电视教育的不足，滥看电视会对孩子造成深层次的伤害。即使是好的动画，看多了也是不好的，更不能用动画代替看书。

从媒体上我们看到，如今有很多父母，为了锻炼孩子的记忆力，让孩子记忆圆周率。其实，与其背小数点后的数字，还不如阅读经典，背诵国学经典。因为这不仅能锻炼记忆，而且还能让孩子从国学中学到无穷智慧，得到良好的道德熏陶，成就做人的根本。

所以说，如果父母的时间充足，可以考虑每天给孩子读半小时的国学经典，这样不仅可以奠定孩子的文化底蕴，而且还可以增加亲子交流，让家长和孩子共同成长，轻松达到早期阅读的效果，一举三得，何乐而不为呢？

58

名人传记：感受榜样力量

从很多父母给孩子所选的书籍来看，图画类、国内外名著类比较多，名人传记却很少。其实，名人传记也是文学作品的一种形式，只是它的内容局限于记叙名人的生平事迹。有些是记叙其完整的一生，有些则只记叙其一生中的某个阶段。而孩子们在成长的过程中，是需要楷模的，这从时下校园中偶像崇拜的现象就可见一斑。

然而，现在孩子们的偶像，通常都是娱乐圈的那些影星歌星，这些明星的一举一动，都会成为他们的模仿对象。如果明星们的素质涵养、道德品质值得孩子学习和模仿，那也罢了，可更多的明星，除了帅气漂亮的长相、时髦潮流的穿着让孩子着迷外，没有任何值得学习的地方。所以如何引导孩子去识别哪些才是富有真才实学的、值得崇拜的偶像，成为父母们当前较为紧迫的任务。正确的偶像观，和父母对孩子早期的教育有关，或者可以说和孩子所阅读的书籍有关。

孩子在阅读一些科学家、艺术家和政治家怎么从一个普通人蜕变成名人的故事时，往往会从他们的经历中受到启发和教育。由于名人传记这种写作形式像是名人自己在讲自己的故事，所以更具真实性，更容易让孩子们感受到他们成功的力量。

如今，在偶像泛滥的年代，父母对孩子不良的明星崇拜，不能只是一味讲道理或教训，而应该积极引导他们阅读一些口碑较好的名人传记，用伟大人物、事业成功者的事迹来熏陶、激励他们。让他们通过阅读，理解和感受那些可以对他们思想产生重大震撼和影响的人物，这对帮他们建立正确的人生观和价值观是有潜移默化的作用的。

孩子是祖国未来的希望，也是家庭的希望，在他们人生观、价值观初步形成的重要阶段，父母一定要注意引导。曾引起全国轰动的刘德华的粉丝杨丽娟，疯狂追星13年，最终导致家破人亡。她的行为显然是很极端的，但却不是特例。在现实生活中，很多追星一族不理智的举动令人感到恐惧。有些人为了能和偶像有个“亲密接触”，争抢明星喝过的矿泉水、用过的垃圾袋；有些还会照偶像的样子去整容；更有甚者，见到偶像结婚，会去自杀；等等。

为什么会有这些疯狂的追星现象？谁又该为这些荒唐行径负责？

除了社会外，家长的责任也不容忽视。如果父母在孩子还小的时候，给他们看看类似《林肯传》这种名人传记，让他们看看一个出生在贫寒家庭的小孩，是如何经过无数挫折，拥有了坚韧性格的，还会出现杨丽娟那样的荒唐之举吗？林肯在困难面前不低头的精神，是值得每个孩子学习的。

生在20世纪六七十年代的人应该都记得，有个身残志不残的张海迪，她的故事，曾经感动了无数人。

“张海迪小时候是一个健康活泼的小姑娘，五岁不幸患了严重的疾病，动了大手术，脊柱被摘去了6块，从胸部以下失去了知觉，从此她成了一个高位截瘫的人，站不起来了。

小海迪瘫痪了，人们认为她这一生只能依靠别人来生活了。可是，小海迪想：我要自立，长大了要为人民做点事，成为一个有用的人。要实现这个愿望，没有知识、没有本领怎么行呢？可是，她又没办法去学校读书，于是，她小小年纪，就立下志向，决心以病床当课桌，自学成才。她开始用识字卡片学习认字，不久，又学会了汉语拼音和查字典。从此，她以顽强的毅力走上了自学求知的道路。”

这样的人物传记，带给孩子的正面力量，绝对比四处追逐明星要多得多。因为名人传记中，大多蕴含着丰富的道德信息和精神力量，它能激发人的道德情操和精神毅力，唤起人们对生活的热情。

《爱迪生传》中，我们看见的是一个智商并不超群的人，他在被困难困扰的时候，毫不退缩，勇往直前，最终凭着惊人的毅力和顽强的精神，实现了他梦寐以求的目标。

《居里夫人自传》，让我们知道，不管干什么，给自己定下目标很重要。只要认准的路，坚持不懈地走下去，一定会成功的。

《海伦·凯勒自传》，让我们意识到，浪费时间是多么可耻，时间就是生命。

……

这样优秀的名人传记，孩子们读的多了，是能够在内心深处给他们以感动和震撼的。一本优秀的名人传记，有时候，能够改变一个人的一生。

然而，现在的图书市场，一些反派人物的传记也赫然在目。其中有很多还是描写历史上的误国奸臣，或者喧嚣一时的黑道枭雄，甚至还有当今社会罪行败露的腐败分子。虽然把这些人归入“名人”队伍好像也不为过，因为从广义上来讲，一定范围内有高知名度的人都叫名人，然而，这些人却是因为臭名昭著而成名的。孩子们因为缺少一定的判断能力，很可能会误读这种“名人传记”。这些反面人物的传记，孩子们阅读了，不但起不到警示作用，而且很可能会扭曲他们的审美观、人生观和价值观，将他们引入丑恶不分的歧途。

一本好书可以影响一个人的一生，同样道理，一本坏书也可以毁掉一个人的一生。好书犹如精神食粮，坏书则是精神鸦片。做父母的，在为孩子选名人传记时，一定要把好这个关。

59

自然科学：挖掘智慧潜力

孩子还小的时候，父母通常很难对他们的特长有所了解，所以多让孩子涉足一些书籍，对他们的成长是很有帮助的。而备受父母青睐的，主要是文学作品，或者说，很多父母把阅读只定义在阅读文学作品上。实际上，自然科学、人文科学中，也是有很多名著的，而且这些名著，有些曾影响着人类对自然和自身的看法，有些甚至为推动历史进程作出了重要贡献。而更多的科学名著曾激励着一代又一代的人去探索人类和大自然的奥秘，去追寻真理。

不过有些父母觉得，科学是不断发展的，原来的那些科学名著，已经失去了其时代意义，真是这样吗？

美国著名的科学史家乔治·萨顿在《科学的生命》中曾写道："现在阅读亚里士多德、狄奥芬塔斯、惠更斯和牛顿的名著，仍然受益匪浅。因为这些著作中充满了秘密财富。如果认为这类著作里除了已经被肯定被条理化的事实和思想之外一无所有，那就大错而特错了。如果真是这样的话，这些原著也就没有参考意义了，只消宣布那些事实和思想就足够了。但实际上并非如此，我建议对此有所怀疑的人试试看。他们将会发现，回到这些原始资料所受的精神鼓舞是什么都比不上的。历史学家的责任就是向科学家指出那些最能振奋精神使人开始新的冲刺的原著。"

是呀，虽然现代科学知识在不断进步，旧的知识很多已被更新，但那些经典的科学名著所铭刻的深邃思想、精妙实验、睿智论证仍然是孩子们获取智慧的源泉，仍然是他们探索的动力。

当然，对孩子们来说，对于自然科学的阅读，不应该只局限于科技原理方面的教科书，而应该扩展到所有与自然科学相关的事情。比如科学家的生平事迹，孩子们通过对科学家生平的了解，知道他们怎么从一次次失败的科学实验中走向成功。从中，孩子们可以知道，成功不是一蹴而就的，而是科学家们通过顽强的意志、不懈的追求才达到的，另外，孩子们还能接触到大自然的神秘和美好。所以说，读自然科学类的书并不是一种枯燥乏味的事，做父母的别一听到自然科学就摇头晃脑。

有个十岁的小男孩叫天天，他原本是个聪明的孩子，可自从上学后，他的眼神再也没有以前那么有神采了。他的爸爸妈妈说起他来就头痛，见人问起儿子，皱着眉直摇头。原因很简单，因为儿子不仅不喜欢读学校的书，而且连课外书也不喜欢读。

"我们原本想吧，孩子不喜欢读课本，那就让他多读点课外书吧，能成个韩寒，能写小说，出版小说，那多好呀！可他对课外书也不感兴趣。我们看呀！这孩子没救了！”

不仅仅如此，天天好像对玩也没什么兴趣，其他孩子都在跑跑闹闹，但他却经常沉默不语。爸爸妈妈完全没有办法了，简直对他有种放之任之的态度了。

可有一天，他们发现孩子对一个朋友忘在他们家的《物种起源》看得津津有味。坐在那里，一看就是一个钟头。父母纳闷了，问他看得懂吗？天天先是摇摇头，接着又点点头。不管是看得懂还是看不懂，只要他能安下心来看就是好事。父母心中一喜，把天天这个事情告诉了那位忘记拿走《物种起源》的朋友。那位朋友很高兴，说可以和天天聊聊。

结果在和天天谈过话后，那位朋友直夸天天是个天才，还说没想到这孩子小小年纪，竟然对自然科学这么有兴趣，并让天天的父母挖掘他这方面的潜力。天天的父母高兴坏了，他们带着天天去书店，让天天挑他喜欢的书。果然，孩子一到自然科学类书籍的架子前，便迈不动步子了，眼睛也放光了，话也多起来了。后来，天天竟然成了他们学校自然科学活动小组的小组长，性格也开朗活泼起来了。

所以说，“阅读是一个人搜集处理信息、认识世界、发展思维、获得审美体验的重要途径。”这个判断同样适用于自然科学。孩子们广泛猎取自然科学报刊和书籍中的知识，可以激发他们的学习热情，开发他们的智力，并从中找到专属于他们的兴趣爱好。

60

哲学：开启心灵之门

在大人的眼里，孩子是幼稚的。但有时候，幼稚的小孩也会问出些伟大的问题来，比如，他们会问："为什么会有人类？""狗为什么不能和人一样说话？""什么是世界"……当这些问题从一个孩子的口中冒出来后，大人们也许会怔一下，回答不了，同时心里会想："孩子怎么问这种问题呢？这不是他们该知道的。"

实际上，孩子问这些问题没什么不好，因为至少说明，他们在寻找智慧。孩子是天生的发问者，因为他们有强烈的好奇心，其实人类对世界一直存在很多疑问，只是很多人的疑问止步于孩童时代而已。"哲学来自于怀疑"，这是亚里士多德曾说过的话，父母应该鼓励或支持孩子多问"为什么"。面对孩子的种种"为什么"，父母可以告诉他们：以后可以从哲学书中找到答案。

一听哲学两个字，不要说孩子，可能很多大人都咋舌。因为在大众的眼里，哲学是被庙堂化的代表，一直都高高在上，非常难以接近和理解。更有一些人认为，哲学都是哲学家看的，我们看它干嘛？又给我们带来不了实际的价值。拥有这种想法的家长大有人在，更不要说他们会让孩子去接触哲学了。

其实这样的想法是不对的。爱因斯坦，伟大的物理学家，他的成功，就是与他自小读通俗科学读物分不开的，而正是因为他读的这些书籍，让他对科学发生了兴趣，他甚至在十二岁的时候就自学欧几里得几何。不仅如此，爱因斯坦还非常喜欢哲学方面的书籍，在他十三岁的时候，就开始自学康德的哲学了。

罗素曾说："把人的本能信仰组织为一个和谐的整体，使个人知识结构有条不紊而不至于冲突，这是哲学所能完成的最谦逊的任务。"读哲学，确实不能解决实际的吃饭问题，但阅读哲学却有着许多现实而高尚的益处，说它是人生的明灯，开启心灵的钥匙，一点都不为过。所以，为了点燃指引孩子的明灯，父母应该让孩子阅读哲学，当然，和孩子一起读，不仅能让孩子受益，对大人也是大有好处的。

那读哲学到底有哪些好处呢？

1. 对修正自己的思想和行为有好处。

古希腊哲学家苏格拉底有句名言："未经反省审察的生活是不值得活的"，这句话的意思是说：没有经过自己自觉而理性的评价，人生也就失去了意义。是呀，如果一个人从不理性思考问题，从不为自己定目标，活得浑浑噩噩，做一天和尚撞一天钟，人生的价值又怎么体现呢？而想要学会理性地思考，没有比阅读哲学类书籍更合适的了。

2. 提高孩子们的分析能力、批判能力及诠释能力。

这几种能力可以应用到生活中的各个领域。通常情况下，受过良好哲学训练的人通常都比较容易自省，也善于表达，更喜欢跟人交流、探讨。他们懂得站在别人的角度看待问题，善于先从自身找弱点，不会固执己见，并且有着很强的学习能力。能够这样看待别人，看待自己的人，在以后的生活中肯定会少走很多弯路。

3. 帮孩子们学会思考。

阅读哲学，也许不一定会帮孩子们找到答案，但却能让孩子们学会思考，甚至能够站在更多角度来思考。通过对一些问题的思考，可以丰富他们心灵方面的想象力，让他们的心灵变得更加强大和宽厚，让他们无论在个人生活、未来事业及社会事务上，勇敢地面对各种挑战。

有了以上这些好处，我们还会觉得哲学对生活没用吗？

有些父母又要问了，哲学这么深奥，这么枯燥，要怎么读呢？

美国学者艾德勒在他的《如何阅读一本书》中，告诉了大家如何阅读哲学书籍。他说，在阅读一些哲学书籍时，首先是要发现问题，然后再找到问题的答案。哲学书籍对很多问题的答案，有些是很明显指出来的，而有些则是隐藏在其中的。阅读的时候，只要用心一点，都能找出来。

通俗一点讲就是：阅读哲学书的基本原则就是寻找中心思想。这和我们上学时，语文老师教我们学习课文的方法有相似之处，知道了一篇课文的中心思想，接下来的很多问题就能很好解决了。

艾德勒说："对一个思虑周详的好读者来说，这是一个理想的目标，毕竟，你要记得，如果你想要了解你的作者，这还是你必须要做的事。尽管找出中心思想不容易，但是我们仍然不主张你走捷径，去阅读一些关于哲学家生活或观察点的书。你自己找到的原则，会比其他人的观点更有价值。"

在陪着孩子阅读哲学方面的书时，父母要听从艾德勒说的：在阅读科学作品时，归纳性的论证也很重要。在哲学作品中也是一样，一定要注意哲学家的原则。也就是说，不管读者对哲学家的观点多么不赞同，也要站在他的角度，假设一下，这不仅可以改变自己的固执己见，而且很可能改变自己的一些偏见。这对以后的为人处世，也是非常有好处的。

有个孩子，刚刚上初中，便开始变得很叛逆，完全是一副唯我独尊的模样，和父亲简直就是水火不容。有一天，他在看周国平的散文时，看到了周国平写给孩子的哲学启蒙书，因此他竟然喜欢上了哲学书。

于是，他央求父亲给他买几本尼采和叔本华写的哲学方面的书籍。当时父亲还以为自己听错了，十一二岁的孩子，怎么开始看哲学书？不过，想着孩子看书总比出去惹祸好，于是便一一给他买了。没想到，他在看了一段时间的哲学书后，性格竟然发生了巨大的变化，说话不再像个“刺猬”，和谁都针锋相对了。

父亲很狐疑，问他原因。他说，自从读了哲学书后，他养成了和自己内心对话的习惯，也就是和自己更高的自我对话，考虑问题懂得设身处地为他人着想。于是，父亲和他一起阅读起哲学书来。后来，父子两人的关系融洽了很多，而且还经常在一起交流阅读心得。

大孩子阅读能力强一些，可以给他们看一些比较深奥的哲学书籍，那么那些小孩子呢？

也不是没办法，父母不妨给他们看那些哲学小故事，比如那种带着小插图的哲学故事书，哲学道理简单易懂，故事通俗好读，而且插图生动有趣，这种哲学故事书，所蕴含的哲学力量一点都不比原著差。

总之，哲学不是只有哲学家才能看的，它应该走近普通大众，走进孩子那亟须启蒙的心灵。

正如周国平所说的：“哲学原是对世界和人生的真相之探究，童年和青少年时期恰是发生这种探究的最佳机会。然而，在多数人身上，随着年龄和阅历的增长，曾经有过的那种自发的哲学兴趣似乎完全消失了，岁月把一个个小哲学家改造成了大俗人。如果你真正爱孩子，关心他们的前途，就应该把你自己的眼光放得远一点，不要挫伤孩子自发的哲学兴趣，而要保护和鼓励，而最好的鼓励办法就是和他们一起思考和讨论。事实上，任何一个真正的哲学问题都不可能有所谓的标准答案。可贵的是发问和探究过程的本身，使我们对根本问题的思考始终处于活泼的状态”。

附录

Appendix

亲子必读

100 本经典好书推荐

序号	书名	作者
绘本		
1	《不一样的卡梅拉》	【法】克利斯提昂·约里波瓦 /文 【法】克利斯提昂·艾利施 /图
2	《逃家小兔》	【美】玛格丽特·怀兹·布朗 /文 【美】克雷门·赫德 /图
3	《小熊比尔和大熊爸爸》	【德】莫斯特 /文 【德】朔贝尔 /图
4	《猜猜我有多爱你》	【爱尔兰】山姆·麦克布雷尼 /文 【英】安妮塔·婕朗 /图
5	《大卫，不可以》	【美】大卫·香农 /文图
6	《可爱的鼠小弟》系列	【日】中江嘉男 /文 【日】上野纪子 /图
7	《长大我最棒》系列	【美】谢利·J·梅纳斯 /文 【美】梅瑞迪斯·约翰逊 /图
8	《我爱家人》系列	【英】吉利安·哈克

续上表

序号	书名	作者
9	《米菲绘本》	【荷】迪克·布鲁纳 /文图
10	《月亮生日快乐》	【美】艾许 /文图
11	《蚯蚓的日记》	【美】朵琳·克罗宁 /文 【美】哈利·布里斯 /图
12	《11 只猫》系列	【日】马场登 /文图
13	《阿文的小毯子》	【美】凯文·亨克斯 /文图
14	《爷爷一定有办法》	【加】菲比·吉尔曼 /文图
15	《大脚丫跳芭蕾》	【美】埃米·扬 /文图
16	《鲸鱼》	【日】五味太郎 /文图
17	《你看起来好像很好吃》	【日】宫西达也 /文图
18	《小猪唏哩呼噜》系列	孙幼军
19	《小布头奇遇记》	孙幼军
漫画		
20	《父与子》	【德】埃·奥·卜劳恩
21	《超人总动员》	美国迪士尼公司
22	《儿童百问百答》	【韩】道奇胜 /文图
23	《三毛流浪记》	张乐平
24	《丰子恺儿童漫画选》	丰子恺
25	《铠甲勇士》系列	漫界文化
26	《儿童益智漫画》	缪印堂
27	《儿童安全 120》	陈昕
童话		
28	《安徒生童话》	【丹】安徒生
29	《格林童话》	【德】格林兄弟
30	《一千零一夜》	阿拉伯民间故事
31	《木偶奇遇记》	【意】卡洛·克洛迪

续上表

序号	书名	作者
32	《绿野仙踪》	【美】鲍姆
33	《小鹿斑比》	【奥】萨尔腾
34	《丛林故事》	【英】吉卜林
35	《安德鲁·兰十二色童话》系列	【英】安德鲁·兰
36	《夏洛的网》	【美】怀特
37	《小王子》	【法】圣埃克苏佩里
38	《彼得·潘》	【英】巴里
39	《青鸟》	【比】莫里斯·梅特林克
40	《狮子王》	美国迪士尼公司
41	《小熊维尼》系列	美国迪士尼公司
42	《长袜子皮皮》	【瑞典】阿斯特丽德·林格伦 /文 【瑞典】英格丽德·万·尼曼 /图
43	《水孩子》	【英】金斯莱
44	《中国短篇童话精选》	吴勇 /选编
寓言		
45	《伊索寓言》	【古希腊】伊索
46	《克雷洛夫寓言》	【俄】克雷洛夫
47	《拉·封丹寓言》	【法】拉·封丹
48	《莱辛寓言》	【德】莱辛
49	《中国古代寓言故事》	邯笪钟 /编写
名著		
50	《爱的教育》	【意】埃·德·阿米琪斯
51	《我的大学》	【苏】高尔基
52	《巴黎圣母院》	【法】雨果
53	《简·爱》	【英】勃朗特
54	《傲慢与偏见》	【英】奥斯汀

续上表

序号	书名	作者
55	《哈姆莱特》	【英】莎士比亚
56	《老人与海》	【美】海明威
57	《安娜·卡列妮娜》	【俄】托尔斯泰
58	《茶花女》	【法】小仲马
59	《爱丽丝漫游奇境》	【英】刘易斯·卡洛尔
60	《神秘岛》	【法】凡尔纳
61	《格列佛游记》	【英】乔纳森·斯威夫特
62	《汤姆·索亚历险记》	【美】马克·吐温
63	《海底两万里》	【法】凡尔纳
64	《八十天环游地球》	【法】凡尔纳
65	《鲁宾孙漂流记》	【英】笛福
66	《福尔摩斯探案全集》	【英】柯南·道尔
67	《哈里波特》	【英】J. K. 罗琳
68	《昆虫记》	【法】法布尔
69	《我的野生动物朋友》	【法】蒂皮·德格雷
70	《飞鸟集》	【印】泰戈尔
71	《红楼梦》	曹雪芹
72	《三国演义》	罗贯中
73	《水浒传》	施耐庵
74	《西游记》	吴承恩
国学		
75	《论语》	中国国学文化艺术中心
76	《老子》	高秀昌（注解）
77	《孟子》	鲁庆中（注解）
78	《庄子》	安继民（注解）
79	《周易》	崔波（注解）

续上表

序号	书名	作者
80	《诗经》	葛培岭（注解）
81	《孙子兵法》	刘国建（注解）
82	《大学·中庸》	李立新（注解）
83	《增广贤文》	葛培岭（注解）
84	《千字文·百家姓·千家诗》	刘德杰（注解）
85	《三字经·孝经》	王永宽（注解）
86	《弟子规·弟子职·朱子治家格言》	卫绍生（注解）
87	《声律启蒙》	钱理群（主编）
88	《唐诗三百首》	钱理群（主编）
89	《宋词精选》	钱理群（主编）
成长小说		
90	《窗边的小豆豆》	【日】黑柳彻子
91	《一百条裙子》	【美】埃斯特斯
92	《草原上的小木屋》	【美】怀德
93	《亲爱的汉修先生》	【美】贝芙莉·克莱瑞
94	《时代广场的蟋蟀》	【美】乔治·塞尔登 /文 【美】盖斯·威廉姆斯 /图
95	《魔法师的帽子》	【芬兰】托芙·扬松 /文图
96	《淘气包马小跳》系列	杨红樱
97	《皮皮鲁总动员》系列	郑渊洁
98	《草房子》	曹文轩
99	《乌丢丢的奇遇》	金波
100	《我要做好孩子》	黄蓓佳